交通运输安全生产管理手册

Daolu Huoyun
道 路 货 运
（企业管理篇）

深圳市交通运输委员会 编著

人民交通出版社股份有限公司
China Communications Press Co.,Ltd.

内 容 提 要

本书为《交通运输安全生产管理手册》中《道路货运（企业管理篇）》分册，主要内容包括：主体责任、管理规范、达标考评、责任追究及附件，共五部分。

本书内容丰富，条理清晰，可操作性强，涵盖深圳市道路货运企业开展安全生产工作的各个要素和环节，可供各级交通运输管理部门、道路货运企业的领导和管理人员以及广大从业人员日常工作和学习参考。

图书在版编目（CIP）数据

道路货运．企业管理篇／深圳市交通运输委员会编著．
—北京：人民交通出版社股份有限公司，2014.11
（交通运输安全生产管理手册）
ISBN 978-7-114-11652-0

Ⅰ．①道… Ⅱ．①深… Ⅲ．①公路运输 - 货物运输 - 交通运输企业管理 - 安全管理 - 中国 - 手册 Ⅳ．①U492.8-62②F512.6-62

中国版本图书馆 CIP 数据核字（2014）第 239327 号

交通运输安全生产管理手册

书　　　名	道路货运（企业管理篇）
著　作　者	深圳市交通运输委员会
责任编辑	韩亚楠
出版发行	人民交通出版社股份有限公司
地　　　址	（100011）北京市朝阳区安定门外外馆斜街 3 号
网　　　址	http://www.ccpress.com.cn
销售电话	（010）59757973
总　经　销	人民交通出版社股份有限公司发行部
经　　　销	各地新华书店
印　　　刷	北京市密东印刷有限公司
开　　　本	787×1092　1/16
印　　　张	6.5
字　　　数	116 千
版　　　次	2014 年 11 月　第 1 版
印　　　次	2014 年 11 月　第 1 次印刷
书　　　号	ISBN 978-7-114-11652-0
定　　　价	20.00 元

（有印刷、装订质量问题的图书由本公司负责调换）

交通运输安全生产管理手册编委会

顾　　　问：	李一康
主　　　任：	黄　敏
副　主　任：	李福民　陈惠港　于宝明　温文华　娄和儒　徐忠平 王玉国　顾楠洲　郭向阳　唐健文　时　伟　陈　强
委　　　员：	姚高科　袁虎勇　孙远忱　邓寿如　黄生文　翟华联 李永明　高　青　文　维　黄煌辉　程长斌　董燕泽 宋成君　吴晓明　甘　露　蔡展强　赵一平　刘　洵 苏　剑　李开封　巫作如　杨党旗　张田生　李志坚 杨东辉　孙辉良　陈剑钊　朱各英　张少远　高长军 张　陆　陈滨力　郭治平　庄仕成　车小平　韩立清

第三分册　道路货运安全生产管理手册编委会

主　　　　编：	黄　敏
副　主　编：	徐忠平　时　伟
执　行　主　编：	黄煌辉　朱各英
执行副主编：	龚　翔　欧阳映　李　川　杨　光
执　　　笔：	许岸琼　王文合　姜　波

序

习近平总书记就安全生产工作做出重要指示:"人命关天,发展决不能以牺牲人的生命为代价。这必须作为一条不可逾越的红线。"

安全生产是我们工作的底线、红线、高压线,安全管理是"深圳质量"的重要组成部分,是交通运输行业的生命线!

经过三十多年的改革开放,深圳已经基本建成国际化、现代化、一体化的综合交通运输体系。每天,深圳有9.7万人次旅客进出深圳机场,6.5万个集装箱在深圳港吞吐,4万辆货柜车进出口岸,6000班次公路客运班车发往全国各地,1008万人次市民乘坐公交出行,300万辆机动车行驶在大街小巷,巡查道路17682km,受理交通咨询投诉2200多宗。保障特大型城市正常运行,交通安全生产和安全管理工作任重道远。

近年来,面对安全生产和安全管理的新形势、新要求,深圳市交通运输委员会全面构建"1521"安全生产监管体系(编制1个安全生产管理工作总规则,按照道路运输、城市公交、工程建设及管养、港口及航运、维修驾培5大板块的行业划分,明确政府监管和企业主体2个方面的责任,制定1套标准化操作规程),以"突出针对性、检查表格化、评判数字化、整改具体化、落实责任化"为方法论,严格落实安全生产责任,开展全行业安全生产全覆盖大检查,推动深圳交通运输行业的平稳、有序、高效发展。

此次深圳市交通运输委员会组织编制了涵盖政府监管、企业管理的《交通运输安全生产管理手册》13分册系列工具丛书,是安全生产管理工作重大改革创新的尝试。丛书按照"法制化、体系化、制度化、规范化、标准化和表格化"的要求,进行系统地分类研究编制,回答了交通运输行业的安全管理"是什么、做什么、谁来做、怎么做"等一系列问题,是一部交通运输行业政府安全生产监管和企业安全生产管理实用性较强的工具书。希望通过丛书的出版,为交通及相关部门"一岗双责"、交通企业安全生产"主体责任"的全面落实,为交通运输行业安全生产管理提供有益的探索和借鉴。

丛书在编制过程中得到了交通运输部、广东省交通运输厅等各级部门和领导的大力支持。借此机会,对所有关心支持深圳交通运输行业发展的各级部门和领导表示衷心的感谢!深圳市交通运输委员会将进一步改革创新,实现"平安交通",推动全市交通运输事业科学发展,为深圳建设现代化国际化先进城市、打造"深圳质量、品质交通"做出新的贡献。

深圳市交通运输委员会党组书记、主任

前　　言

近年来,党中央、国务院高度重视安全生产工作,提出了"科学发展、安全发展"的理念,制定了"安全第一、预防为主、综合治理"的战略方针,各级党委、政府针对安全生产工作做出了全面系统的部署。

交通运输行业点多、线长、面广,安全生产工作任务十分艰巨,为此,深圳市交通运输委员会(以下简称市交通运输委)党组特别重视,始终将行业安全生产工作列为"深圳质量、平安交通"的重要内容。为尽快建立健全安全生产管理体系,落实安全生产"一岗双责"制度,进一步规范交通运输行政管理部门的安全生产监管行为,督促交通运输企业落实安全生产主体责任,实现法制化、责任化、标准化、数字化的管理目标,市交通运输委组织力量编写了《交通运输安全生产管理手册》(以下简称《手册》)。

《手册》结合深圳市交通运输行业实际,按照编制 1 个工作总规则,依据道路运输、城市公交、工程建设及管养、港口及航运、维修驾培 5 大板块的行业(领域)划分,明确政府监管和企业管理 2 个主体责任,制定 1 套标准化操作规程的思路(即"1521"安全生产管理体系),共 13 册 26 篇。各分册围绕政府和企业安全生产工作所涉及的监管职责/主体责任、监管规程/管理规范、考核与评价、责任追究等要素及环节,统一编写模式,做到一册在手,安全生产工作尽在掌握。

《手册》的编写,黄敏主任等各位委领导给予了悉心指导,委各相关部门也给予大力支持和配合。各分册编写委员会在广泛调研、多方借鉴、大量查阅资料的基础上,进行了大胆创新与探索,几易其稿,完成了编著工作。

我们期望,通过《手册》的推出,能够进一步提高政府部门和企业安全管理水平,促进交通运输行业持续健康发展。

因时间仓促,编者水平有限,《手册》难免存在疏漏和不当之处,敬请指正。

编　者
2014 年 5 月

目 录

安全生产管理工作规则	1
第一章　安全生产主体责任	3
第一节　主体责任	3
第二节　组织架构	3
第三节　层级职责	4
第二章　安全生产管理规范	5
第一节　安全生产基础保障	5
第二节　安全生产目标管理	6
第三节　安全生产管理内容	7
第四节　安全隐患排查治理	11
第五节　目标考核	13
第六节　安全管理任务分工	13
第三章　安全生产达标考评	14
第一节　考评要求	14
第二节　考评结果应用	16
第四章　安全生产责任追究	17
第一节　失职责任追究	17
第二节　事故责任追究	17
附件	19
附件1　道路货运(含货运站场)企业安全生产管理层级及主体职责划分一览表	19
附件2　车辆技术档案	23
附件3　道路货运(不含货运站场)企业卫星定位监控情况登记表	34
附件4　道路货运企业行车事故快报表	35
附件5　货运企业自查表	37

附件6　道路货物运输站(场)自查表……………………………………… 38

附件7　道路货运企业安全生产管理规范及岗位职责分工一览表 ………… 40

附件8　道路货物运输站(场)企业安全生产管理规范及岗位职责分工
　　　　一览表 ……………………………………………………………… 56

附件9　道路货运企业安全生产达标考评指标……………………………… 66

附件10　道路货物运输站(场)企业安全生产达标考评指标 ……………… 74

附件11　道路货运企业安全生产责任追究一览表………………………… 81

附件12　道路货物运输站(场)企业安全生产责任追究一览表 …………… 85

附件13　道路货运企业责任人安全生产责任追究一览表………………… 89

附件14　道路货物运输站(场)企业责任人安全生产责任追究一览表 …… 91

附件15　法律法规及相关资料目录………………………………………… 93

安全生产管理工作规则

第一条 为努力打造"深圳质量、平安交通",促进交通运输行业持续健康发展,根据《中华人民共和国安全生产法》等有关法律、法规和标准,制定本规则。

第二条 本市行政区域内交通运输行业企业安全生产管理工作,适用本规则。

第三条 坚持"安全第一、预防为主、综合治理"的方针。

第四条 建立健全企业安全生产管理责任制,实现安全生产管理工作的法制化、责任化、标准化、数字化,有效预防生产安全事故的发生,实现安全生产管理工作有序、可控。

第五条 实行安全生产"一岗双责"制度,即主要负责人对本企业安全生产工作全面负责;分管安全生产工作的负责人直接领导安全生产工作;其他分管负责人在履行岗位业务工作职责的同时履行安全生产工作职责。

第六条 按照"统分结合、突出重点、分类管理、分级负责、动态监控、定期考评、部门联动、齐抓共管"的方法开展工作。

第七条 安全生产管理按照分类管理与分级管理两种方式进行。

(一)分类管理:按照本企业生产经营特点,对人、车(船)、设施、设备等进行分类管理。

(二)分级管理:厘清企业内各部门、分支机构及各岗位的职责边界,实行"三级"管理(即主要负责人、分管负责人、具体责任人),分级负责,一级抓一级,层层抓落实。

第八条 企业是安全生产管理责任主体,主要负责人为安全生产第一责任人,对本企业的安全生产管理工作负全面责任。企业应当按照法律法规规定,建立健全安全生产管理组织架构,原则上实行三级管理(详见图0-1)。

第一层级:经营班子。法人或主要负责人全面负责,分管安全负责人直接负责,分管业务负责人具体负责。

第二层级:安全管理部门、业务管理部门、其他安全生产管理保障部门等。

安全管理部门负责组织实施、综合管理及检查安全生产工作;业务管理部门对本部门的安全生产工作负直接管理责任;其他安全生产管理保障部门从人员配备、资金安排、法律法规、应急救援等方面,对业务管理部门开展安全生产工作提供职责范围内的保障支持。

第三层级:分支机构或具体生产经营部门。负责对本机构安全生产负全面责任。

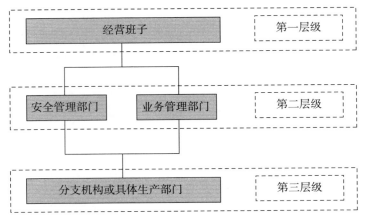

图 0-1　企业安全生产管理组织架构示意图

第九条　具体管理职责如下:

(一)在按规定设置组织架构的前提下,配备与安全生产工作相适应的专职安全管理人员,保障安全生产投入。

(二)建立健全安全生产目标管理,并将安全生产责任目标分解到各部门、各岗位,明确责任人员、责任内容和考核奖惩要求。

(三)建立健全并落实驾驶员(作业人员)管理、车辆(船舶、设备设施)管理、运营动态监控管理、安全生产操作规程、安全评估、目标考核、培训教育、隐患排查治理、事故应急处置与责任倒查等安全管理制度。

(四)定期召开安全生产工作会议和例会,分析和通报安全生产形势,研究解决安全生产中的重大问题。

(五)层层签订安全生产目标责任书。

(六)履行法律、法规规定的其他安全生产职责。

第十条　自觉接受交通运输等政府相关部门对其安全主体责任履行情况依法实施的监督管理。

第一章　安全生产主体责任

第一节　主体责任

道路货运(含货运站场)企业安全生产管理的主体责任如下：

(一)设置安全生产领导机构和管理机构,配备与安全生产工作相适应的专职安全管理人员,保障安全生产投入。

(二)建立健全安全生产目标管理,并将安全生产责任目标分解到各部门、各岗位,明确责任人员、责任内容和考核奖惩要求。

(三)建立健全并落实货运驾驶员或从业人员管理、车辆管理、运营动态监控管理、安全生产操作规程、安全评估、目标考核、宣传教育、隐患排查治理、事故应急处置与责任调查等安全管理制度。

(四)定期召开安全生产工作会议和例会,分析和通报安全生产形势,研究解决安全生产中的重大问题。

(五)层层签订安全生产目标责任书,制定明确的考核指标,定期考核并通报考核结果及奖惩情况。

(六)履行法律、法规规定的其他安全生产职责。

第二节　组织架构

道路货运(含货运站场)企业安全生产管理组织架构包括企业主要负责人,运输经营、安全管理等部门负责人及分支机构的主要负责人。组织架构详见表1-1。

道路货运(含货运站场)企业安全生产管理组织架构　　　表1-1

序号	部门	职位	安全生产管理岗位	备注
1	运输经营部门	主要负责人	第一负责人	
2		分管安全管理负责人	直接责任人	
3		分管运营管理负责人	具体责任人	

续上表

序 号	部 门	职 位	安全生产管理岗位	备 注
4	安全管理部门	部门经理	综合安全责任人	
5	运营管理部门	部门经理	具体责任人	
6	分支机构	主要负责人	具体责任人	

第三节 层级职责

各企业安全生产管理的层级和职责详见《道路货运(含货运站场)企业安全生产管理层级及主体职责划分一览表》(附件1)。

第二章　安全生产管理规范

第一节　安全生产基础保障

一、设置安全生产管理机构

道路货运企业应当配备专职安全管理人员。安全生产管理人员应当定期参加培训,且每年参加不少于8学时的再培训。

货运站(场)行业生产经营单位从业人员超过300人的,应当设置安全生产管理机构或者配备专职安全生产管理人员;从业人员在300人以下的,应当配备专职或者兼职的安全生产管理人员,或者委托具有国家规定的相关专业技术资格的工程技术人员提供安全生产管理服务。

二、定期召开安全生产工作会议和例会

分析安全形势,安排各项安全生产工作,研究解决安全生产中的重大问题。安全工作会议至少每季度召开一次,安全例会至少每月召开一次。特别是发生较大及以上事故后,应及时召开安全分析通报会。

三、保障安全生产投入

按照《转发财政部安全监督总局关于印发企业安全生产费用提取和使用管理办法的通知》(厅财字〔2012〕96号文)或地方政府的有关规定,按上年度实际营业收入的1%的比例提取、设立安全生产专项资金。安全生产经费专款专用,保证安全生产投入的有效实施,及时投入满足安全生产条件的所需资金。跟踪、监督安全生产专项经费使用情况并建立安全生产费用使用台账。

安全生产专项资金主要用于:
(1)完善、改造和维护安全防护设施设备支出;
(2)购置、安装和使用具有行驶记录功能的车辆卫星定位装置等支出;

（3）配备、维护、保养应急救援器材、设备支出和应急演练支出；

（4）开展重大危险源和事故隐患评估、监控和整改支出；

（5）安全生产检查、评价（不包括新建、改建、扩建项目安全评价）、咨询和标准化建设支出；

（6）配备和更新现场作业人员安全防护用品支出；

（7）安全生产宣传、教育、培训支出；

（8）安全生产适用的新技术、新标准、新工艺、新装备的推广应用支出；

（9）安全设施及特种设备检测检验支出；

（10）其他与安全生产直接相关的支出。

四、依法投保

依法为道路货运车辆投保机动车交通事故责任强制保险。

五、建立健全安全生产管理制度

制订安全生产所必需的各项安全生产管理制度（详见本章第三节）。

六、其他保障。

加强政府监管及法律法规要求所必备的保障。

第二节　安全生产目标管理

一、建立目标责任管理

道路货运（含货运站场）企业应制订安全生产方针、目标和不低于主管部门下达的安全生产控制指标，制定订实现安全生产方针与目标的措施。结合企业实际情况，制订安全生产年度计划和年度专项活动方案并严格执行。

二、建立责任目标管理

依法建立健全安全生产目标管理。安全生产责任目标应分解到各部门、各岗位，明确责任人员、责任内容和考核奖惩要求。

实行安全生产一岗双责。主要负责人是安全生产的第一责任人，负有安全生产的全面责任；分管安全生产的负责人协助主要负责人履行安全生产职责，对安全生产工作负组织实施和综合管理及监督的责任;其他负责人对各自职责范围内的安全生产工作负直接管理责任。企业各职能部门、各岗位人员在职责范围内承担相应的安全生产职责。

第三节　安全生产管理内容

一、道路货运企业安全生产管理内容

（一）货运驾驶员管理制度。

（1）建立企业驾驶员聘用制度。按照《中华人民共和国劳动合同法》要求,严格货运驾驶员录用条件,严格审查货运驾驶员的驾驶证件、从业资格和驾驶经历,符合条件的,签订聘用合同。

（2）建立驾驶员安全教育、培训及考核制度。定期对货运驾驶员开展安全生产法律法规、典型交通事故案例警示、技能训练、应急处置等教育培训。货运驾驶员,每年至少进行8学时的安全教育培训。道路货运(不含货运站场)企业应当组织和督促本企业的驾驶人员参加继续教育,保证驾驶人员参加教育和培训的时间,提供必要的学习条件。

货运驾驶员接受教育与培训后,企业应建立企业驾驶员安全培训教育记录档案。

每月查询一次驾驶员的违法和事故信息,及时进行针对性的教育和处理。

（3）建立驾驶员日常管理制度。杜绝疲劳驾驶行为,驾驶员连续驾驶时间不得超过4小时。

（4）建立驾驶员档案管理制度。企业驾驶员实行一人一档,内容包括驾驶员基本信息、从业资质信息、安全行车记录情况、奖惩情况、违章违纪情况、行车事故情况等。

（二）车辆管理制度。

（1）制定并落实车辆技术管理制度。按照国家有关规定建立车辆安全技术状况检测和年度审验、检验制度,严格执行货运车辆综合性能检测和技术等级评定制度,确保车辆符合安全技术条件。逾期未年审、检测或年审不合格的车辆禁止上路行驶。

（2）建立车辆安全检查制度。做好出车前、行车过程中及收车后的车辆检查工作,发现故障及隐患,及时排除。

（3）不得使用已达到报废技术标准、检测不合格、非法拼(改)装等不符合运行安全技术条件的客车以及其他不符合国家规定的车辆从事道路货运经营。

（4）设立负责车辆技术管理的机构,配备车辆技术管理人员。

（5）按照国家规定建立《货运车辆技术档案》,见附件2。实行一车一档,实现车辆

从购置到退出市场的全过程管理。车辆技术档案主要内容包括：车辆基本情况、主要部件更换情况、修理和两级维护记录（含出厂合格证）、技术等级评定记录、车辆变更记录、行驶里程记录、交通事故记录等。

（6）道路货物运输经营者应当建立车辆技术管理制度，按照国家规定的技术规范对货运车辆进行定期维护，确保货运车辆技术状况良好。货运车辆的维护作业项目和程序，应当按照国家标准《汽车维护、检测、诊断技术规范》（GB 18344）等有关技术标准的规定执行。

（7）对达到国家规定的报废标准或者经检测不符合国家强制性标准要求的货运车辆，应当及时交回《道路运输证》，不得继续从事道路货物运输经营。

（8）车辆持有效的《道路运输证》《机动车行驶证》，配备三角木、警示牌、防滑链等安全设备，配足有效消防设备及器材。

（三）运营动态监控制度。

（1）按照《印发广东省交通运输厅关于道路运输车辆卫星定位监控平台应用管理办法的通知》（粤交运20101794号），为其道路货运（不含货运站场）车辆安装符合技术标准的卫星定位装置，接入深圳市交通运输委的监控平台或监控端。

（2）建立卫星定位装置及监控平台的安装、使用管理制度，建立动态监控工作台账，规范卫星定位装置及监控平台的安装、管理、使用工作，履行监控主体责任。

（3）配备或聘请专职人员负责抽查监控车辆行驶动态，记录分析处理动态信息，及时提醒、提示违规行为。对违法驾驶信息及处理情况要留存在案，其中监控数据应当至少保存1个月，违法驾驶信息及处理情况应当至少保存3年。

（4）按照法律规定设置的道路通行最高车速限值以及车辆行驶道路的实际情况，合理设置相应路段的车辆行驶速度限速技术标准。对异常停车、超速行驶、疲劳驾驶、逆向行驶、不按规定线路行驶等违法、违规行为及时给予警告和纠正，并事后进行处理。

（5）确保卫星定位装置正常使用，保持车辆运行时在线。对故意遮挡车载卫星定位装置信号、破坏车载卫星定位装置的驾驶人员，以及不严格监控车辆行驶动态的值守人员给予处罚，严重的应调离相应岗位，直至辞退。

（6）运用动态监控手段做好货运车辆的组织调度，并及时发送重特大道路交通事故通报、安全提示、预警信息。

（7）鼓励有条件的道路货运企业积极通过科技手段，加强动态监控工作。

《道路货运（不含货运站场）企业卫星定位监控情况登记表》（附件3）。

(四)安全生产操作规程。

(1)根据关键岗位的特点,分类制定安全生产操作规程,并监督员工严格执行,推行安全生产技术标准化作业。

(2)制定货运驾驶员行车操作规程,货运驾驶员行车操作规程的内容应至少包括:出车前的车辆技术状况检查、高速公路及特殊路段行车注意事项、恶劣天气下的行车注意事项、夜间行车注意事项、应急驾驶操作程序注意事项等。

(3)制定车辆日常安全检查操作规程,车辆日常安全检查操作规程的内容应至少包括:轮胎、制动、转向、灯光等安全部件检查要求和检查程序,安检不合格车辆返修及复检程序等。

(4)制定车辆动态监控操作规程,车辆动态监控操作规程的内容应至少包括:卫星定位系统车载终端、监控平台设备的检修和维护要求,监控信息采集、分析、处理规范和流程、违章信息统计、报送及处理要求及程序,监控信息保存要求和程序等。

(5)根据安全运营实际需求,制定其他相关安全运营操作规程。

(五)其他安全生产管理制度

(1)建立企业安全生产费用提取和使用管理制度,做好企业安全生产费用提取和使用记录台账。

(2)建立企业安全生产监督检查制度,严格按照法律法规的要求和本单位的有关规定,定期组织开展安全生产检查工作。

(3)建立安全生产基础档案制度,明确安全生产管理资料的归档、查阅。

(4)建立安全生产奖惩制度。对各部门、各岗位人员进行日常管理和安全运营的全过程考核,定期通报奖惩情况,根据考核结果做出奖惩处理。

(5)建立安全生产事故应急处置制度。发生安全生产事故后,道路货运(含货运站场)企业应当立即采取有效措施,组织抢救,防止事故扩大,减少人员伤亡和财产损失。

对于在货物运输过程中发生的行车安全事故,货运驾驶员应及时向事发地的公安部门以及所属的道路货运企业报告,道路货运企业应当按《深圳市经营性道路货运交通事故报告和调查处理办法》规定时间、程序、内容向事故发生地和企业所属地县级以上的安监、公安、交通运输等相关职能部门报告事故情况,并启动《安全生产事故应急处置预案》(附件4)。

定期进行安全生产事故统计和分析,总结事故特点和原因,提出针对性的事故预防措施。

(6)建立安全生产事故应急处置制度。事故发生后,当事驾驶员要及时向货运企业报告,货运企业负责人应立即赶赴事故现场,开展救援和善后处理工作,并积极配合相关部门进行事故调查处置。货运企业应认真吸取事故教训,落实防范和整改措施,防止事故再次发生。

(7)建立应急救援制度。健全应急救援组织体系,建立应急救援队伍,制定完善应急救援预案。

(8)建立安全生产宣传和教育制度。普及安全知识,强化员工安全生产操作技能,提高员工安全生产能力。

配备和完善开展安全宣传、教育活动的设施和设备,定期更新宣传、教育的内容。安全宣传、教育与培训应予以记录并建档保存,保存期限应至少为3年。

(9)建立本企业安全生产管理所需要的其他制度。

二、货运站场安全生产管理内容

(一)道路货物运输站(场)从业人员管理制度。

(1)建立道路货物运输站(场)从业人员聘用制度。按照《中华人民共和国劳动合同法》要求,严格货运从业人员录用条件,严格审查货运从业人员条件,符合条件的,签订聘用合同。

(2)建立道路货物运输站(场)从业人员岗前培训制度。严格落实从业人员持证上岗和从业人员先培训后上岗制度,健全培训档案。岗前培训内容主要包括:国家道路交通安全和安全生产相关法律法规、典型交通事故案例警示教育、职业道德、安全告知知识、应急处置知识、企业有关安全运营管理的规定等。

(3)建立道路货物运输站(场)从业人员安全教育、培训及考核制度。定期对货运从业人员开展安全生产法律法规、典型交通事故案例警示、技能训练、应急处置等教育培训。道路货物运输站(场)企业应当组织和督促本企业的从业人员员参加继续教育,保证从业人员员参加教育和培训的时间,提供必要的学习条件。

从业人员接受教育与培训后,企业应建立企业从业人员安全培训教育记录档案。

(4)建立道路货物运输站(场)从业人员档案管理制度。企业从业人员实行一人一档,内容包括从业人员基本信息、从业资质信息、奖惩情况、违章违纪情况等。

(二)安全生产操作规程。

(1)根据关键岗位的特点,分类制定安全生产操作规程,并监督员工严格执行,推行安全生产技术标准化作业。

(2)根据安全运营实际需求,制定其他相关安全运营操作规程。

（三）其他安全生产管理制度。

（1）建立企业安全生产费用提取和使用管理制度，做好企业安全生产费用提取和使用记录台账。

（2）建立企业安全生产监督检查制度，严格按照法律法规的要求和本单位的有关规定，定期组织开展安全生产检查工作。

（3）建立安全生产基础档案制度，明确安全生产管理资料的归档、查阅。

（4）建立安全生产奖惩制度。对各部门、各岗位人员进行日常管理和安全运营的全过程考核，定期通报奖惩情况，根据考核结果做出奖惩处理。

（5）建立安全生产事故应急处置制度。发生安全生产事故后，道路货物运输站（场）企业应当立即采取有效措施，组织抢救，防止事故扩大，减少人员伤亡和财产损失。

对于在站场内发生的生产安全事故，企业现场从业人员应及时向事发地的公安部门以及所属企业报告，企业应当按《生产安全事故报告和调查处理条例》规定时间、程序、内容向事故发生地和企业所属地县级以上的安监、公安、交通运输等相关职能部门报告事故情况，并启动安全生产事故应急处置预案。

定期进行安全生产事故统计和分析，总结事故特点和原因，提出针对性的事故预防措施。

（6）建立安全生产事故责任调查制度。对相关责任人进行严肃处理。认真吸取事故教训，落实防范和整改措施，防止事故再次发生。

（7）建立应急救援制度。健全应急救援组织体系，建立应急救援队伍，制订完善应急救援预案，结合企业实际情况开展应急救援演练，并将应急演练方案、演练结果报送行业主管部门备案。

（8）建立安全生产宣传和教育制度。普及安全知识，强化员工安全生产操作技能，提高员工安全生产能力，配备和完善开展安全宣传、教育活动的设施和设备，定期更新宣传、教育的内容。安全宣传、教育与培训应予以记录并建档保存，保存期限应至少为3年。

（9）建立本企业安全生产管理所需要的其他制度。

第四节　安全隐患排查治理

（1）建立安全隐患排查治理制度，依据《中华人民共和国安全生产法》等相关法律法规及自身管理规定，制订安全隐患排查工作方案，明确排查的目的、范围、方法。每月至少开展一次安全自查自纠工作、货运企业对货运车辆、货运驾驶员、运输线路、运营过程等安全生产各要素和环节进行安全隐患排查;货运站场对货运站(场)、从业人员、设施设备等安全生产各要素和环节进行安全隐患排查,发现安全管理缺陷和漏洞,及时消除安全隐患(附件5、附件6)。

(2)根据安全生产的需要和特点,采用综合检查、专业检查、季节性检查、节假日检查、日常检查等方式进行隐患排查。

(3)对排查出的安全隐患进行登记和治理,及时消除事故隐患。

对于能够立即整改的一般安全隐患,由运输企业立即组织整改;对于不能立即整改的重大安全隐患,运输企业应组织制定安全隐患治理方案,依据方案及时进行整改;对于自身不能解决的重大安全隐患,运输企业应立即向有关部门报告,企业应落实整改措施、责任、资金、时限和预案,依据相关规定进行整改。

(4)建立安全隐患排查治理档案,档案应包括以下内容:隐患排查治理日期;隐患排查的具体部位或场所;发现事故隐患的数量、类别和具体情况;事故隐患治理意见;参加隐患排查治理的人员及其签字;事故隐患治理情况、复查情况、复查时间、复查人员及其签字。

(5)每季、每年对本单位事故隐患排查治理情况进行统计,分析隐患形成的原因、特点及规律,建立事故隐患排查治理长效机制。

(6)积极配合有关部门的监督检查人员依法进行的安全隐患监督检查,不得拒绝和阻挠。

(7)货运站场对出站的车辆进行安全检查,禁止无证经营的车辆进站从事经营活动,防止超载车辆或者未经安全检查的车辆出站。公平对待使用站(场)的货运经营者,无正当理由不得拒绝道路运输车辆进站从事经营活动。同时,向货主提供安全、便捷、优质的服务;保持站(场)卫生、清洁;不得随意改变站(场)用途和服务功能。

(8)货运站场应当按照货物的性质、保管要求进行分类存放,危险货物应当单独存放,保证货物完好无损。

(9)货运站场应当按照规定的业务操作规程进行货物的搬运装卸。搬运装卸作业应当轻装、轻卸,堆放整齐,防止混杂、撒漏、破损,严禁有毒、易污染物品与食品混装。

(10)货运站场应当严格执行价格规定,在经营场所公布收费项目和收费标准。严禁乱收费。

(11)货运站场进入货运站经营的经营业户及车辆,经营手续必须齐全。货运站经营者应当公平对待使用货运站的道路货物运输经营者,禁止无证经营的车辆进站从事经营活动,无正当理由不得拒绝道路货物运输经营者进站从事经营活动。

(12)货运站场不得垄断货源、抢装货物、扣押货物。

(13)货运站场不得超限、超载配货,不得为无道路运输经营许可证或证照不全者提供服务;不得违反国家有关规定,为运输车辆装卸国家禁运、限运的物品。

第五节 目标考核

(1)根据相关管理部门的要求和自身实际情况,制订年度安全生产目标。安全生产目标应至少包括道路交通责任事故起数、死亡人数、受伤人数、财产损失、万车公里事故起数、万车公里伤亡人数等指标。

(2)建立安全生产年度考核与奖惩制度。针对年度目标,对各部门、各岗位人员进行安全绩效考核,通报考核结果;根据安全生产年终考核结果,对安全生产相关部门、岗位工作人员给予一定的奖惩。对全年无事故、无交通违法记录的文明安全驾驶员予以表彰奖励。

第六节 安全管理任务分工

道路货运(含货运站场)企业各级人员的安全管理任务见《道路货运企业安全生产管理规范及岗位职责分工一览表》(附件7)及《道路货物运输站(场)企业安全生产管理规范及岗位职责分工一览表》(附件8)。

第三章　安全生产达标考评

第一节　考评要求

一、考评内容

根据道路货运企业安全生产管理主要任务，设定考评内容，详见《道路货运企业安全生产达标考评指标》（附件9）、《道路货物运输站（场）企业安全生产达标考评指标》（附件10）。

二、考评周期

年度考核周期为每年1月1日至12月31日，每3年1次。

三、考评类型及方式

（一）初次考评。

1. 企业开展自评达标后，通过广东省交通运输企业安全生产标准化管理系统注册账号，上传相关资料，向市交通运输委安全生产标准化达标工作办公室（以下简称委达标办）提交正式考评申请，同时提交纸质申请材料。

2. 委达标办收到企业正式考评申请及所附材料后，对材料进行审查。申请材料不符合要求的，委达标办应及时告知企业补充、修改或重新申请。满足申请要求的企业，委达标办将会同行业监管单位，结合企业的申请安排考评机构实施考评。

3. 考评机构原则上应在5个工作日内完成对企业申请材料的真实性和符合性的现场核查，包括对企业提交纸质申请材料的核查。对核查通过的企业启动考评，核查不通过的，及时告知企业，并说明原因。申请材料需以纸质申请表形式向考评机构备案、归档和管理。

4. 考评机构在核查通过后20个工作日内完成对企业的现场考评。在企业从事现场考评活动，按以下程序进行：

（1）现场考评组织。考评机构组织不少于3名具有相应资质的考评人员成立现场考评组，制定具体考评计划，告知企业后实施。考评机构对企业进行现场考评前，应告知委达标办。

（2）现场考评启动。现场考核组提前与企业协调确认考评计划及考评进度表，考评前应介绍考评流程、考评方法及保密承诺等。企业应向考评组介绍企业的组织构架和安全生产工作等情况。

（3）实施现场考评。现场考评组成员按照考评计划和任务分工实施考评，获取真实数据，给出公正客观的考评分值和评价。考评组实施考评可采取提问、交谈、查阅文件和记录、现场检查与抽查等方式。若有必要，可进行现场检测与测量。

5. 现场考评结束后，考评组应向企业通报考评情况，交换初步考评结果，就现场考评过程中发现的问题向企业提出整改建议。企业对考评机构提出的整改意见，1个月内能按要求整改到位的，经考评机构核实后，可视为达到现场考评要求。1个月内不能按要求整改到位的，重新组织现场考评。

6. 现场考评组考评工作结束后，向考评机构提交初步考评报告，考评机构以集中考评形式定期组织对初步考评结论进行评定，形成考评报告，并报委达标办和有关安全监管单位备案。

7. 委达标办通过市交通运输委门户网站向社会公布企业达标考评结果，公示时间为7天，公示期间无异议的，由考评机构颁发企业达标证书。

（二）换证考评。

1. 换证考评申请应在企业安全生产标准化达标证书有效期届满之日前3个月内提出。

2. 换证考评及发证的内容、范围和方法参照初次考评的有关规定执行。

3. 换证考评未通过的，企业应在原证书期满后3个月内提出重新考评申请。

4. 企业安全生产标准化达标证书遗失的，可以向原考评发证机构申请补发。

5. 企业法人代表、名称、地址等变更的，应在变更后1个月内，向考评机构提交有关材料，申请对企业安全生产标准化达标证书的变更。

（三）附加考评。

1. 有下列情形之一的，委达标办、各有关安全监管单位应安排考评机构对持有企业安全生产标准化达标证书的企业实施附加考评：

（1）企业发生重大及以上安全责任事故的；

（2）企业1年内连续发生2次及以上较大安全责任事故的；

（3）企业被举报并经核实其安全生产管理存在重大问题的；

（4）企业发生其他可能影响其安全生产管理的重大事件或主管机关认为确实必要的。

2. 附加考评应针对引发附加考评的原因进行。在考评中发现有严重问题的,可扩大考评范围,直至实施全面考评。

3. 通过附加考评合格的,维持企业安全生产标准化达标证书的有效性。

4. 未通过附加考评或经交通运输主管部门审定认为其安全生产管理存在重大问题的,考评机构应及时报告委达标办,由委责令其整改,整改合格的,企业应在3个月内再次申请初次考评。

第二节　考评结果应用

安全生产标准化考评达标结果与年度审核、资源分配、证件核发等货运管理业务挂钩,具体实施细则另行规定。

第四章 安全生产责任追究

第一节 失职责任追究

对未能履行安全生产管理职责或明显疏于安全生产管理有失职行为的;对控制考核指标超标的;或监管部门认为有必要的情形,警示约谈相应企业主要负责人和相关人员,情节严重的,依法追究责任。

第二节 事故责任追究

(一)事故责任追究工作坚持以事实为依据、以法律为准绳,各项工作程序和工作要求必须严格执行有关法律法规的规定。

事故责任认定要依据事故发生的原因和认定的事实,合理确定责任范围、责任人,对事故责任单位及相关责任人提出行政处罚意见;构成违法犯罪的,由司法机关依法处理。

(二)根据事故调查报告认定的事实,依据法律法规对企业和责任人采取如下行政措施和行政处罚。

行政措施包括:资源分配、评优评先、骨干企业评选、警示约谈、行业通报批评等。

行政处罚包括:警告、罚款、没收违法所得、没收非法财物、责令停产停业、暂扣或者吊销许可证照。

具体适用情形见《道路货运企业安全生产责任追究一览表》(附件11)、《道路货物运输站(场)企业安全生产责任追究一览表》(附件12)、《道路货运企业责任人安全生产责任追究一览表》(附件13)、《道路货物运输站(场)企业责任人安全生产责任追究一览表》(附件14)。

(三)执法支队、港航货运局应当按照事故调查报告的审议意见,依照法律、行政法规规定的权限和程序,对事故发生单位和有关人员进行行政处罚。情节严重的,依法移交司法机关,追究刑事责任。

（四）事故发生单位应当按照事故调查报告审议意见，对本单位负有事故责任的人员进行处理。

事故发生单位应当认真吸取事故教训，落实防范和整改措施，防止事故再次发生。防范和整改措施的落实情况应当接受工会和职工的监督。

事故发生单位对负有事故责任人员的处理情况和整改措施的落实情况，应在规定时间内报送港航货运局。港航货运局应当对事故发生单位的人员处理情况和整改措施的落实情况进行监督检查，并报委安委办。

附件

附件1 道路货运（含货运站场）企业安全生产管理层级及主体职责划分一览表

管理层数	职位	职责
主体责任		(1)设置安全生产领导机构和管理机构，配备与安全生产工作相适应的专职安全管理人员，保障安全生产投入； (2)建立健全安全生产目标管理，并将安全生产目标责任分解到各部门、各岗位，明确责任人员、责任内容和考核奖惩要求； (3)建立并落实驾驶员管理、车辆管理、运输动态监控管理、安全生产操作规程、安全评估、目标考核、宣传教育、隐患排查治理、事故应急处置与责任调查等安全管理制度； (4)定期召开安全生产工作会议和例会，分析和通报安全生产形势，研究解决安全生产中的重大问题； (5)层层签订安全生产目标责任书，制定明确的考核指标，定期考核并通报考核结果及奖惩情况； (6)履行法律、法规规定的其他安全生产职责
经营班子 (第一层级)	主要负责人 (第一责任人)	负有安全生产的全面责任，具体如下： (1)严格执行安全生产的法律、法规、规章、规范和标准，组织落实相关管理部门的工作部署和要求； (2)建立健全本单位安全生产责任制，组织制定并组织落实本单位安全生产规章制度、驾驶员和车辆管理办法，落实安全生产操作规程； (3)按照安全生产法规赋予的职责，对安全生产负全面组织领导、管理责任和法律责任，并履行安全生产责任和义务； (4)依法建立适应安全生产工作需要的安全生产管理机构，确定符合各条件的分管安全生产的负责人、技术负责人，配备专职安全管理人员； (5)督促、检查本单位安全生产工作，及时消除生产安全事故隐患； (6)按规定足额提取本单位安全生产专项资金，保证本单位安全生产经费投入的有效实施； (7)组织开展本单位的安全生产教育培训工作； (8)组织制订并实施本单位的生产安全事故应急救援预案，建立应急救援组织，开展应急救援演练

续上表

管理层数	职位	职　责
部门（第二层级）	分管安全管理负责人（直接责任人）	协助主要负责人履行安全生产管理职责，对安全生产工作负综合管理及监督检查的责任。具体如下： (1) 严格执行落实本单位安全生产的法律、法规、规章、规范和标准，组织实施综合管理及监督检查的责任； (2) 组织制订并落实本单位安全生产操作规程，货运驾驶员和车辆安全管理办法、安全责任追究等规章制度，落实本单位安全生产责任制； (3) 组织实施或督查本单位安全生产的有效投入； (4) 组织开展本单位的安全生产检查，督促相关部门及时消除生产安全事故隐患； (5) 组织开展本单位的安全生产宣传、教育和培训工作； (6) 组织开展本单位安全生产标准化建设工作； (7) 组织制订并实施本单位安全事故应急救援预案，建立应急救援组织，开展应急救援演练； (8) 定期组织分析本单位安全生产形势，研究解决重大问题； (9) 及时、如实报告生产安全事故； (10) 其他安全生产管理工作。
部门（第二层级）	分管运营管理负责人（具体责任人）	对职责范围内的安全生产工作负直接管理责任。具体如下： (1) 严格执行分管部门落实安全生产的法律、法规、规章、规范和标准； (2) 组织分管部门落实安全生产操作规程，道路货物运输驾驶员和车辆安全生产管理工作，总结和推广安全生产工作的先进经验； (3) 负责企业经营资质、车辆营运资质、从业人员从业资质管理工作； (4) 组织分管部门落实安全生产年度管理目标和安全生产工作部署，与分管部门签订安全生产责任书，参与本单位安全生产决策； (5) 组织分管部门落实安全生产的投入； (6) 组织开展安全生产检查，督促分管部门及时消除生产安全事故隐患； (7) 组织开展分管业务的安全生产宣传、教育和培训工作； (8) 组织开展分管业务安全生产标准化建设工作； (9) 组织分管部门制订并实施安全事故应急救援预案，建立应急救援组织，开展应急救援演练； (10) 定期分析分管业务的安全生产形势，研究解决重大问题； (11) 其他安全生产管理工作。

续上表

管理层数	职 位	职 责
部门（第二层段）	安全管理部门负责人（综合安全责任人）	协助分管安全管理负责人，负责组织实施综合管理及监督检查安全生产工作。具体职责如下： (1) 严格执行安全生产的法律、法规、规章、规范和标准，参与本单位安全生产决策； (2) 落实安全生产责任制，制定安全生产操作规程、岗位安全管理的职责、流程和考核办法、安全责任追究等规章制度； (3) 组织安全生产年度管理目标和安全生产管理工作计划，落实考核工作； (4) 监督安全生产投入的实施情况； (5) 组织开展安全生产检查，督促相关部门及时消除生产安全事故隐患； (6) 组织开展安全生产宣传、教育和培训工作，总结和推广安全生产工作的先进经验； (7) 组织开展安全生产标准化建设工作； (8) 制订生产安全事故应急救援预案，建立应急救援组织，开展应急救援演练； (9) 定期分析本单位安全生产形势，研究解决重大问题； (10) 落实执行做好车辆监督管理工作，利用GPS监控平台对车辆，驾驶员进行动态监控，对车辆安装带有GPS功能的行车记录仪，并接入深圳市综合交通运行指挥中心GPS监控平台； (11) 其他安全生产管理工作
	运营管理部门负责人（具体责任人）	对本部门的安全生产工作负直接管理责任。具体职责如下： (1) 严格执行安全生产的法律、法规、规章、规范和标准； (2) 落实安全生产操作规程、驾驶员管理办法、安全责任追究等规章制度； (3) 落实安全生产年度管理目标和安全生产管理工作部署，参与本单位安全生产决策； (4) 落实安全生产的投入； (5) 加强企业营运资质、营运车辆运输资质、从业人员从业资质管理工作；凡不符合法律法规要求的企业、车辆、从业人员，一律不予开展道路运输经营活动。

续上表

管理层数	职 位	职 责
部门 (第二层级)	运营管理部门负责人 (具体责任人)	(6)开展安全生产检查,及时消除生产安全事故隐患; (7)落实安全生产宣传、教育和培训,总结和推广安全生产工作的先进经验; (8)推行安全生产标准化管理; (9)落实安全生产事故应急救援响应; (10)定期分析安全生产形势,研究解决重大问题; (11)落实车辆动态安全监管; (12)落实安全生产宣传、教育和培训工作,总结和推广安全生产工作的先进经验; (13)其他安全生产管理工作。
分支机构 (第三层级)	分支机构负责人 (具体责任人)	对本部门(分公司、车队)安全生产负全面责任,具体职责如下: (1)严格执行安全生产的法律、法规、规章、规范、规程,货运驾驶员和车辆管理规范和标准,落实安全工作部署和要求; (2)落实安全生产规章制度、货运驾驶员和专职机构或聘用专职安全管理办法,严格执行安全生产操作规程; (3)设置安全生产管理机构或聘用专职安全管理人员; (4)落实安全生产经费投入; (5)落实安全生产会议、教育培训制度; (6)落实隐患排查治理制度,及时消除安全隐患; (7)组织开展生产安全事故应急处置; (8)落实车辆动态安全监管; (9)法律、法规规定的其他安全生产管理工作。

附件2

编号:＿＿＿＿＿＿

车 辆 技 术 档 案

车牌号码:＿＿＿＿＿＿＿＿
车辆类别:＿＿＿＿＿＿＿＿
车辆型号:＿＿＿＿＿＿＿＿
建档日期:＿＿＿＿＿＿＿＿

说 明

1. 根据《中华人民共和国道路运输条例》及交通部《道路货物运输及站场管理规定》(2005年第6号令)和《道路旅客运输及客运站管理规定》(2005年第10号令)等配套规章的要求,道路运输经营者应当建立车辆技术档案,对相关内容的记载应当及时、完整和准确,不得随意更改,并妥善保管,作为车辆定期审验和监督检查的依据之一。

2. 车辆基本情况登记表(附表2)中部分项目填制说明:(1)运力来源是指新增、转籍或过户。(2)经营组织方式是指公车公营、自营、承包、租赁或挂靠。(3)经营范围分为国内客运、国内货运和国际运输。国内客运又分为县内班车客运、县际班车客运、市际班车客运、省际班车客运、县内包车客运、县际包车客运、市际包车客运、省际包车客运、县内旅游客运、县际旅游客运、市际旅游客运、省际旅游客运或出租客运;国内货运又分为普通货运、集装箱货运、冷藏保鲜货运、罐式容器货运、大型物件运输、危险货物运输或非经营性危险货物运输;国际运输分为国际定期班车客运、国际不定期班车客运、国际货物运输或国际危险货物运输。(4)经济类型是指国有、集体、私营、个体、联营、股份制、外商独资、中外合资、中外合作、港资、澳资、台资或其他经济。(5)变速器形式是指手动、自动或手自动一体化。(6)前照灯制式是指两灯制或四灯制。(7)防抱制动装置是指有或无 ABS。(8)驱动形式是指车辆车轮总数×驱动车轮总数(同一轮毂上安装两个轮胎(即双胎并装)的,按一个车轮计)。

3. 车辆两级维护监管实行报备登记制度,道路运输经营者应在规定的报备时间内,及时向核发《道路运输证》的道路运输管理机构报备车辆两级维护结果。班线经营客运车辆为至少每3个月1次,1年不少于4次;农村客运车辆、包车客运车辆、危险货物运输车辆至少每4个月1次,1年不少于3次;普通货物运输车辆为至少每6个月1次,1年不少于2次;上述各类车辆每年报备登记中1次应与车辆技术等级评定报备结合进行。

4. 道路运输经营者不按规定维护和检测运输车辆的,由县级以上道路运输管理机构责令改正,处1000元以上5000元以下的罚款;擅自改装或使用擅自改装已取得《道路运输证》的车辆的,由县级以上道路运输管理机构责令改正,处5000元以上2万元以下的罚款。

附表 2-1

车辆基本情况登记表

车辆号牌信息	车牌号码	颜色	注册(变更)日期	
	牌号变更1			粘贴初次或变更《道路运输证》时，车辆正面偏右侧 45°的 3 寸彩色照片
	牌号变更2			
	牌号变更3			
业户信息	车主名称	初次登记(日期)	名称变更1(日期)	名称变更2(日期)	名称变更3(日期)
	经营许可证号				
	经济类型				
	经营组织方式				
	资质等级				
	经营范围				
	道路运输证号				
	经营线路				
	运力来源				
	两级维护周期				

附表 2-2

车辆技术参数表

车辆类型				
VIN(或车架)号		厂牌型号	出厂日期/产地	国产/进口
车辆外廓尺寸	长： 宽： 高：	底盘厂牌型号	客车类型等级	
核定载质量/乘员数	千克	总质量	座/铺位排列	2+2/2+1/1+1/1+1
发动机厂牌型号		核定牵引总质量	车轴数/驱动轴数	—
发动机功率	千瓦	发动机号码	燃料种类	
驱动形式		发动机排量	升	排放标准	国Ⅱ/国Ⅲ
变速器形式	自动/手动/手自动一体化	轮胎数/规格	前照灯制式	
行车制动形式	气液/气一液 前轮：气囊/片板簧 后轮：盘式 鼓式	缓速器	电磁式/液力式	转向器	动力转向/非动力转向
悬架形式	前轮：独立/非独立 气囊/片板簧 后轮：独立/非独立 气囊/片板簧		防抱死装置	蹄片间隙自调	单/双回路
其他配置	底盘自动润滑 GPS 行车记录仪 空调器			

说明：请填写或选择车辆技术各参数中有关内容，符合的请在选择项后以"√"表示。

附表 2-3

车 辆 维 修 登 记 表

维 修 日 期	维 修 类 别	小修/二级维护主要附加作业内容/大修/总成修理内容	维 修 单 位	登记人签名

说明：1. 车辆维修类别栏应填小修、一级维护、二级维护、大修或总成修理；
2. 说明：主要部件是指客车车身、货车驾驶室和货厢、发动机、离合器、变速器、传动轴、前后桥、转向器、车架等部件。

附表 2-4

车辆主要总成部件更换登记表

更换日期	更换主要部件名称、型号(规格)及厂名	维修单位	登记人签名

附表 2-5

车辆等级评定登记表

检测评定日期	行驶里程记录	其他检测/两级维护竣工质量检测	车辆技术等级	客车类型及等级	检测评定单位	登记人签名

说明：其他检测是指年度安全检测及各种监督检测。

附表2-6

车辆变更登记表

更换日期	变更原因	变更事项	登记人签名

说明：本表适用于除车主名称、道路运输证号和车牌号码以外的变更事项的登记。

附表 2-7

车辆使用记录

时间	行驶里程（千米）	间隔里程（千米）	燃油消耗（升）	燃油与定额比（升/百千米）		使用单位	驾驶员姓名
				定额	余 亏		

车辆交通事故登记表

附表2-8

事故发生日期	事故发生地点	事故性质	事故责任	事故种类及车辆损坏情况	企业直接经济损失（元）	登记人

备注：1. 事故性质是指特大事故、重大事故、一般事故或轻微事故；
2. 事故责任是指全部责任、主要责任、同等责任、次要责任或无责任；
3. 事故种类是指人为事故、机械事故。

附表 2-9

车辆驾驶员登记表

	1	2	3	4	5	6
序号						
姓名						
身份证号						
驾驶证准驾类型						
驾驶证号						
从业资格证号						
从业证类别						
入职时间						
离职时间						
安全行驶里程						
违章记录						
事故记录						
其他投诉						

注：每变更一次填写一次，并将身份证、驾驶证、从业资格证复印件附后。

附件3 道路货运(不含货运站场)企业卫星定位监控情况登记表

企业共有车辆数：　　　辆　　　　　　　　抽查日期：　　年　　月　　日　　　　　　　GPS监控负责人：

车牌号	车辆类型	经营范围	抽查时间	GPS工作是否正常	车速（千米/小时）	报警内容	车辆所在位置（路段）	处理结果	检查人签名
粤B			时　分						
粤B			时　分						
粤B			时　分						
粤B			时　分						
粤B			时　分						

填表说明：

1. "车辆类型"为普通货车、集装箱牵引车、危运车、搅拌车、自卸车等。
2. "经营范围"为普通货运、危险品运输等。
3. 企业每日专人24小时实时监控，且每辆车至少书面记录1次（要求尽可能在车辆运行时记录在案，即记录车速不能为零）。
4. 报警内容为：车辆GPS不能正常工作的各种原因、车辆超速、超范围经营等情况。
5. 此表由企业营运管理部门负责人填写；本表填写完毕后，由所在单位营运管理部门存档6个月。

附件4 道路货运企业行车事故快报表

报告单位:(盖章)

事故发生时间				天气情况		
事故地点				路况		
运行路线				线路类别		
发生事故单位	名称			经济性质		
	上级资产管理单位			资质等级		
始发站(地)				车站等级		
车牌号		车型			营运证号	
核定人(吨)数		实载人(吨数)			危险化学品品名	
驾驶员姓名		从业资格类别及证号				
初估责任		责任认定(以交警裁决书为准)			直接经济损失(万元)	
人员伤亡情况						
死亡(人)		失踪(人)		受伤(人)		重伤
						轻伤
事故概况						
事故初步原因及责任分析						

续上表

事故现场图
备注(结案情况)

报告人：　　　　　　　　　联系电话：　　　　　　　　　报告日期：

附件5 货运企业自查表

检查项目	检查内容和要求	检查结果
资质	企业是否具有《道路运输经营许可证》	
	车辆是否具有道路运输证且在有效期内	
	从业人员是否取得相应的从业资格证书	
安全管理档案	有无制订符合行业管理要求的安全生产责任制	
	有无制订符合行业管理要求的车辆技术管理制度	
	有无制订符合行业管理要求的驾驶员管理制度	
	有无制订符合行业管理要求的安全生产监督检查及事故隐患排查、整改制度	
	有无制订安全生产业务操作规程	
	是否建立劳动保护管理制度	
	是否建立货物运输管理制度	
	是否建立安全教育培训管理制度	
	是否建立事故报告处理制度	
	是否建立安全投入保障制度	
	是否逐车建立车辆技术档案,并按要求记录完善	
	是否建立安全监督检查记录档案,并进行定期检查	
	是否建立事故隐患整改记录档案,及时整改安全隐患	
	是否建立应急预案培训及演练记录档案,并定期进行演练	
	是否建立安全教育培训记录档案,并定期开展安全培训	
	是否建立事故报告及处理档案,并按要求记录完善	
	是否建立车辆维修保养记录档案,并按要求记录完善	
	是否建立劳动保护用品发放记录档案,并按要求记录完善	
	是否按规定配备了足够的安全管理人员,设置了安全管理机构	
	车辆是否按要求进行了两级维护,车辆综合检是否达到要求	
存在的问题及事故隐患整改意见		
运管单位检查人员签名		年　月　日
被检查单位负责人签名		年　月　日

附件6 道路货物运输站（场）自查表

检查项目	检查内容和要求	检查情况
经营资质	具有《道路运输经营许可证》	
	与其经营规模、经营类别相适应的管理人员和专业技术人员	
经营场地状况	具有与其经营规模相适应的货运站房、生产调度办公室、信息管理中心用房、仓库、仓储库棚、堆场、场地和道路等设备	
	占地总面积不少于6600平方米，提供所有权方产权证明	
	分别设有车辆进、出检查道口	
	站内道路一般采用双车道无交叉的环行行驶路线	
	堆场、仓库、仓储库棚、道路通道设有明显指示标志	
设施设备	配备必要的消防、照明设备	
	出口设置车辆称重设备	
	覆盖生产作业区的视频监控系统、生产作业信息系统、出入站车辆人员识别系统	
	不少于2台动力叉车	
安全制度建设及落实情况	建立道路货物运输站（场）从业人员管理制度并落实岗前培训度、安全教育、培训及考核等有关制度	
	建立道路货物运输站（场）从业人员档案管理制度	
	制订安全生产操作规程，并监督员工严格执行	
	建立企业安全生产费用提取和使用管理制度	
	建立企业安全生产监督检查制度，定期组织开展安全生产检查工作，对货运站（场）、从业人员、设施设备等安全生产各要素和环节进行安全隐患排查，落实站（场）内非法储存危险化学品货物的日常监督检查工作	
	建立安全生产事故应急处置制度、应急救援制度	
	建立安全生产事故责任调查制度	
	建立安全生产宣传和教育制度	
	建立安全隐患排查治理档案，对排查出的安全隐患进行登记和治理，及时消除事故隐患	
	检查进入货运站经营的经营业户及车辆，确保其经营手续必须齐全。禁止无证经营的车辆进站从事经营活动，建立健全检查档案	

续上表

检查项目	检查内容和要求	检查情况
存在的问题及事故隐患整改意见		
运管单位检查人员签名		年　月　日
被检查单位负责人签名		年　月　日

附件7 道路货运企业安全生产管理规范及岗位职责分工一览表

工作任务项目	具体内容	基本要求	主管部门监管方式	主要负责人	分管业务负责人	分管安全负责人	业务部门负责人	安全部门负责人	分支机构负责人(车队长)	货运驾驶员
安全生产基础保障	设置安全生产领导机构和管理机构,配备安全管理人员	道路货运车企业安全生产领导机构应当包括企业主要负责人、运输经营安全管理、车辆管理、从业人员管理等部门负责人及分支机构的主要负责人	检查企业架构图	统筹	协助	组织	协办	主办	—	—
		依法建立适应安全生产工作需要的安全生产管理机构,聘用不少于1名注册安全主任;每30辆营运车辆配备1名专职安全生产管理人员;建立日常安全管理台账。安全生产管理人员应当定期参加培训,且每年参加不少于8学时的再培训	检查企业专职安全管理人员任命书	统筹	协助	组织	协办	主办	—	—
		安全例会至少每月召开一次		统筹	协助	组织	协办	主办	参加	参加
		特别是发生较大及以上事故后,应及时召开安全分析通报会		统筹	协助	组织	协办	主办	参加	参加
		安全生产工作会议和例会应当有会议记录,会议记录应建档保存,保存期不少于3年		统筹	协助	组织	协办	主办	—	—
		按不低于上年度实际营业收入的1%的比例提取,设立安全生产专项资金		统筹	协助	组织	协办	主办	—	—

续上表

工作项目	具体内容	基本要求	主管部门监管方式	主要负责人	分管业务负责人	分管安全负责人	业务部门负责人	安全部门负责人	分支机构负责人（车队长）	货运驾驶员
安全生产基础保障	安全生产专项资金设立、提取及使用	安全生产专项资金主要用于完善、改造，维护安全运营设备和设施，配备应急救援器材，开展安全宣传教育、安全培训，进行安全检查与隐患治理，开展应急救援演练等各项工作的费用支出	检查安全生产专项资金使用台账	统筹	协助	组织	协办	主办	—	—
	车辆保险	营运车辆应投保机动车交通事故责任强制保险	检查保险单据	统筹	组织	指导	主办	督查	—	—
安全生产目标责任目标管理	制定目标责任	应制订安全生产方针、目标和不低于主管部门下达安全生产控制指标，制定实现安全生产方针与目标的措施	检查安全生产方针文件	统筹	主办	主办	—	—	—	—
安全生产目标管理	依法建立健全安全生产目标管理	主要负责人的安全生产责任、目标	检查企业有关文件资料、安全生产责任追究制度	主办	主办	—	—	—	—	—
		分管安全生产和运输经营人的安全生产责任、目标		统筹	主办	主办	—	—	—	—
		管理科室、分公司等部门及其负责人的安全生产责任、目标		统筹	组织	组织	主办	主办	—	—
		车队和车队队长的安全生产责任、目标		统筹	组织	指导	主办	督查	主办	—
		岗位从业人员的安全生产责任、目标		统筹	协助	组织	协办	主办	—	参加

续上表

工作任务		基本要求	主管部门监管方式	职责分工						
项目	具体内容			主要负责人	分管业务负责人	分管安全负责人	业务部门负责人	安全部门负责人	分支机构负责人(车队长)	货运驾驶员
安全生产管理职责	依法建立健全安全生产目标管理	企业与各分支机构层层签订安全生产责任书,制订明确的考核指标,定期(每季度)考核并公布考核结果及奖惩情况	检查企业责任书、考核公告文件	统筹	协助	组织	协办	主办	参加	参加
	实行安全生产一岗双责	主要负责人是安全生产的第一责任人,负有安全生产的全面责任;分管安全生产的负责人协助主要负责人履行组织实施和综合管理及监督的责任;其他负责人对各自职责范围内的安全生产工作负直接管理责任。企业各职能部门、各岗位人员在职责范围内承担相应的安全生产职责	检查企业相关文件;抽查相关人员安全履职情况	主办	主办	主办	主办	主办	主办	主办
	货运经营者的主要负责人履职情况	严格执行安全生产的法律、法规、规章、规范和标准,组织落实相关管理部门的工作部署和要求	听取主要负责人汇报(需提供书面汇报材料),抽查公司相关台账	主办	—	—	—	—	—	—

续上表

工作任务		主管部门监管方式	职责分工						
项目	具体内容		主要负责人	分管业务负责人	分管安全负责人	业务部门负责人	安全部门负责人	分支机构负责人（车队长）	货运驾驶员
安全生产管理职责	建立健全本企业安全生产责任制，组织制定并落实本单位安全生产规章制度，货运驾驶员和车辆安全生产管理办法，落实安全生产操作规程	货运经营者的主要负责人履职情况听取主要负责人汇报（需提供书面汇报材料），抽查公司相关档案台账	主办	—	—	—	—	—	—
	依法建立适应安全生产工作需要的安全生产管理机构，确定符合条件的分管安全生产的负责人、技术负责人，配备专职安全管理人员		主办	—	—	—	—	—	—
	按规定足额提取安全生产专项资金，保证本企业安全生产投入的有效实施		主办	—	—	—	—	—	—
	督促、检查本单位安全生产工作，及时消除生产安全事故隐患		主办	—	—	—	—	—	—
	组织开展本企业的安全生产教育培训工作		主办	—	—	—	—	—	—
	组织制订并实施本企业的生产安全事故应急救援预案，建立应急救援组织，开展应急救援演练		主办	—	—	—	—	—	—

·43·

续上表

工作任务项目	具体内容	基本要求	主管部门监管方式	主要负责人	分管业务负责人	分管安全负责人	业务部门负责人	安全部门负责人	分支机构负责人(车队长)	货运驾驶员
安全生产管理	货运经营者的安全生产管理机构及安全管理人员履职情况	严格执行安全生产的法律、法规、规章、规范和标准,组织实施工作部署和要求,参与本单位安全生产决策	听取安全生产直接责任人汇报(需提供书面汇报材料),抽查公司相关档案台账	统筹	协助	组织	协办	主办	—	—
		组织制定并落实本单位安全生产操作规程、货运驾驶员、安全责任追究等安全生产规章制度,落实本单位安全生产责任制		统筹	协助	组织	协办	主办	—	—
		组织实施或监督实施本单位安全生产的有效投入		统筹	协助	组织	协办	主办	—	—
		组织开展本单位的安全生产检查,督促相关部门及时消除生产安全事故隐患	听取安全生产直接责任人汇报(需提供书面汇报材料),抽查公司相关档案台账	统筹	协助	组织	协办	主办	—	—
		组织开展本单位的安全生产宣传、教育和培训工作,总结和推广安全生产工作的先进经验		统筹	协助	组织	协办	主办	—	—
		组织开展本单位安全生产标准化建设工作		统筹	协助	组织	协办	主办	—	—
		组织制订并实施应急救援预案,建立应急救援组织,开展应急救援演练		统筹	协助	组织	协办	主办	—	—

续上表

工作任务		主管部门监管方式	职责分工						
项目	具体内容	基本要求	主要负责人	分管业务负责人	分管安全负责人	业务部门负责人	安全部门负责人	分支机构负责人（车队长）	货运驾驶员
安全生产管理职责	货运经营者的安全生产管理机构及安全管理人员履职情况	定期组织分析本单位安全生产形势，研究解决重大问题	听取安全生产直接责任人汇报(需提供书面汇报材料)，抽查公司相关档案台账	统筹	协助	组织	协办	主办	—	—
驾驶员管理	建立驾驶员聘用制度建立及落实情况	建立企业驾驶员聘用制度；按照《劳动合同法》要求，严格审查货运驾驶员的驾驶证件、从业资格和驾驶经历，符合录用条件的，签订聘用合同	检查相关制度及聘用资料	统筹	组织	指导	主办	督查	参加	参加
	建立驾驶员岗前培训制度	严格实施从业人员持证上岗和从业人员先培训后上岗制度，健全培训档案；岗前培训内容主要包括：国家道路交通安全和安全生产相关法律法规、安全行车知识、典型交通事故案例警示教育、企业道德、安全告知驾驶员知识、应急处置知识等。新入职驾驶员上岗前要经过至少24小时的安全培训	检查相关制度及培训台账	统筹	组织	指导	主办	督查	参加	参加

续上表

工作项目	任务	具体内容	基本要求	主管部门监管方式	主要负责人	分管业务负责人	分管安全负责人	业务部门负责人	安全部门负责人	分支机构负责人(车队长)	货运驾驶员
驾驶员管理		建立驾驶员安全教育、培训及考核制度	定期对货运驾驶员开展安全生产法律法规、典型交通事故案例警示、应急处置、技能训练等教育培训。货运驾驶员每年至少进行8学时的安全教育培训;道路货运车企业应当组织和督促本企业驾驶人员参加继续教育,保证驾驶人员参加教育和培训的时间,提供必要的学习条件	检查相关制度及培训台账	统筹	组织	指导	主办	督查	参加	参加
		建立驾驶员日常管理制度	货运车辆每日运行里程超过400公里(高速公路直达超过800公里)的,按规定配备两名以上驾驶员;驾驶员连续驾驶时间不超过4小时,24小时累计驾驶不超过8小时	检查企业派车用车记录	统筹	组织	指导	主办	督查	参加	参加
		建立驾驶员档案管理制度	企业驾驶员实行一人一档,内容包括企业驾驶员基本信息、从业资质信息、安全行车记录情况、奖惩情况、违章违纪情况、行车事故情况等	检查企业从业人员档案	统筹	组织	指导	主办	督查	参加	参加

续上表

工作任务		主管部门监管方式	职责分工					
项目	具体内容		主要负责人	分管业务负责人	分管安全负责人	业务部门负责人	安全部门负责人	分支机构负责人（车队长）	货运驾驶员
车辆管理制度	制定并落实车辆技术管理制度	按照国家有关规定建立车辆安全技术状况检测和年度审验、检验制度，严格执行货运车辆综合性能检测和技术等级评定制度，确保车辆符合安全技术条件。逾期未年审、检测或年审不合格的车辆禁止上路行驶	检查车辆管理台账	统筹	协助	组织	协办	主办	参加	参加
	建立车辆安全检查制度	做好出车前、行车中及收车后的车辆检查工作，发现故障及隐患，及时排除	检查车辆隐患排查台账	统筹	协助	组织	协办	督查	主办	落实
	建立车辆管理制度	不得使用已达到报废技术标准、检测不合格、非法拼、装不符合运行安全技术条件的客车以及其他不符合国家规定的车辆从事道路货运经营	检查车辆档案	统筹	组织	指导	主办	督查	主办	落实
		按照国家规定建立货运车辆技术档案，实行一车一档，实现车辆从购置到退出市场的全过程管理	检查车辆管理档案	统筹	组织	指导	主办	督查	落实	—

续上表

工作项目	工作任务	具体内容	基本要求	主管部门监管方式	职责分工					
					主要负责人	分管业务负责人	分管安全负责人	业务部门负责人	安全部门负责人	分支机构负责人（车队长）	货运驾驶员
车辆管理制度	建立车辆技术管理制度		按照国家规定的技术规范对货运车辆进行定期维护，确保货运车辆技术状况良好。货运车辆应当按照国家标准《汽车维护、检测、诊断技术规范》（GB18344）等有关技术标准的规定执行	检查车辆管理档案	统筹	组织	指导	主办	督查	落实	—
	车辆证件管理		车辆持有有效的《道路运输证》《机动车行驶证》，配备三角木、警示牌、防滑链等安全设备，配足有效消防设备及器材	检查车辆管理档案	统筹	组织	指导	主办	督查	主办	落实
运营动态监控制度	卫星定位装置安装		为其道路货运车安装符合技术标准的卫星定位装置，接入深圳市交通运输委的监控平台或监控终端	检查市交通运输委GPS系统中企业车辆监控情况	统筹	组织	指导	主办	督查	落实	—
	建立卫星定位装置及监控平台的安装、使用管理制度		建立动态监控工作台账，规范卫星定位装置及监控平台的安装、使用工作，履行监控主体责任	检查企业GPS监控台账	统筹	组织	指导	主办	督查	落实	—

续上表

工作任务		主管部门监管方式	职责分工					
项目	具体内容 基 本 要 求		主要负责人	分管业务负责人	分管安全负责人	业务部门负责人	安全部门负责人	分支机构负责人（车队长）	货运驾驶员
运营动态监控制度	GPS动态监控 配备或聘请专职人员负责24小时实时监控车辆行驶动态，记录分析处理动态信息，及时提醒、提示违规行为	检查企业GPS监控台账	统筹	组织	指导	主办	督查	落实	—
	按照法律规定设置的道路通行最高车速限值以及车辆行驶路段的实际情况，合理设置相应技术标准。对异常停车、超速行驶、疲劳驾驶、逆向行驶、不按规定线路行驶等违法、违规行为及时给予警告和纠正，并事后进行处理	检查企业GPS监控台账	统筹	组织	指导	主办	督查	落实	—
	卫星定位监控情况 确保卫星定位装置正常使用，保持车辆运行时在线；对故意遮挡车载卫星定位装置信号、破坏车载卫星定位装置的驾驶人员，以及不严格监控车辆行驶动态的值守人员给予处罚，严重的应调离相应岗位，直至辞退	检查企业GPS监控台账	统筹	组织	指导	主办	督查	落实	—

续上表

工作任务		基本要求	主管部门监管方式	职责分工						
项目	具体内容			主要负责人	分管业务负责人	分管安全负责人	业务部门负责人	安全部门负责人	分支机构负责人(车队长)	货运驾驶员
运营动态监控制度	卫星定位监控情况	运用动态监控手段做好货运车辆的组织调度,并及时发送重大道路交通事故通报、安全提示、预警信息	检查企业GPS监控台账	统筹	组织	指导	主办	督查	落实	参加
		货运经营者应当运用动态监控手段做好营车辆的组织调度,并及时发送重大道路交通事故通报、安全提示、预警信息	检查企业GPS监控台账	统筹	组织	指导	主办	督查	落实	参加
安全生产操作规程	制定安全生产操作规程	根据关键岗位的特点,分类制订安全生产操作规程,并监督员工严格执行,推行安全生产技术标准化作业	检查规程制度	统筹	组织	指导	主办	督查	—	—
	制定货运驾驶员行车操作规程	货运驾驶员行车操作规程应至少包括:出车前的车辆技术状况检查事项、高速公路及特殊路段行车注意事项、恶劣天气下的行车注意事项、应急驾驶操作程序、夜间行车注意事项等	检查规程制度	统筹	组织	指导	主办	督查	—	—

续上表

工作任务		基本要求	主管部门监管方式	职责分工					
项目	具体内容			主要负责人	分管业务负责人	分管安全负责人	业务部门负责人	安全部门负责人	分支机构负责人（车队长）	货运驾驶员
安全生产操作规程	制定车辆日常安全检查操作规程	车辆日常安全检查操作规程的内容应至少包括：轮胎、制动、转向、灯光等安全部件检查要求和检查程序，安全检查不合格车辆返修复检程序等	检查车辆安全检查台账	统筹	组织	指导	主办	督查	—	—
	制定车辆动态监控操作规程	车辆动态监控操作规程的内容应至少包括：卫星定位系统车载终端、监控平台设备的检修和维护规范和要求，监控信息采集、分析、处理及处理要求及程序，违章信息统计、报送及处理要求和程序，监控信息保存要求和程序等	检查企业GPS监控台账	统筹	组织	指导	主办	督查	—	—
其他安全生产管理制度	安全生产费用提取和使用管理制度	建立企业安全生产费用提取和使用管理制度，做好企业安全生产费用提取和使用记录台账	检查相关制度	统筹	组织	指导	主办	督查	—	—
	安全生产监督检查制度	建立企业安全生产监督检查制度，严格按照法律法规的有关规定，定期组织本单位开展安全生产检查工作	检查相关制度及落实情况	统筹	组织	指导	主办	督查	主办	落实
	安全生产基础档案制度	建立安全生产基础档案制度，明确安全生产管理资料的归档、查阅	检查相关制度及落实情况	统筹	组织	指导	主办	督查	主办	—

续上表

工作任务项目	具体内容	基本要求	主管部门监管方式	职责分工						
				主要负责人	分管业务负责人	分管安全负责人	业务部门负责人	安全部门负责人	分支机构负责人（车队长）	货运驾驶员
其他安全生产管理制度	安全生产奖惩制度	建立安全生产奖惩制度。对各部门、各岗位人员进行日常管理和安全生产运营的全过程考核，定期通报奖惩情况，根据考核结果做出奖惩处理	检查相关制度及落实情况	统筹	组织	指导	主办	督查	主办	落实
	安全生产事故应急处置制度	建立安全生产事故应急处置制度。发生安全生产事故后，道路货运企业应当立即采取有效措施，组织抢救，防止事故扩大，减少人员伤亡和财产损失	检查相关制度及落实情况	统筹	组织	指导	主办	督查	主办	落实
	安全生产事故责任调查制度	建立安全生产事故责任调查制度。按照"事故原因不查清不放过，事故责任者得不到处理不放过，整改措施不落实不放过，教训不吸取不放过"的原则，对相关责任人进行严肃处理	检查相关制度及落实情况	统筹	组织	指导	主办	督查	主办	落实
	应急救援制度	建立应急救援制度。健全应急救援组织体系，建立应急救援队伍，制订完善应急救援预案，结合企业实际情况开展应急救援演练	检查相关制度及落实情况	统筹	组织	指导	主办	督查	主办	落实

续上表

工作任务		主管部门监管方式	职责分工					
项目	具体内容		主要负责人	分管业务负责人	分管安全负责人	业务部门负责人	安全部门负责人	分支机构负责人（车队长）	货运驾驶员
其他安全生产管理制度	安全生产宣传和教育制度	建立安全生产宣传和教育制度。普及安全生产知识，强化员工安全生产操作技能，提高员工安全生产能力。配备和完善开展安全宣传、教育活动所需的设施和设备，定期更新宣传、教育的内容。安全宣传、教育与培训应予以记录并建档保存，保存期限应至少为3年	检查相关制度及落实情况	统筹	组织	指导	主办	督查	—	—
安全隐患排查治理	安全隐患排查治理制度	依据《安全生产法》等相关法律法规及自身管理规定，制订安全隐患排查工作方案，明确排查的目的、范围、方法。每月至少开展一次安全自查自纠工作，对货运车辆、货运驾驶员、运输线路、运营过程安全生产各要素和环节进行安全隐患排查，发现安全管理缺陷和漏洞，及时消除安全隐患	检查相关制度及落实情况	统筹	组织	指导	主办	督查	主办	参加
	安全检查方式	根据安全检查的需要和特点，采用综合检查、专业性检查、季节性检查、节假日检查、日常检查等方式进行隐患排查	检查企业安全检查计划文件	统筹	组织	指导	主办	督查	主办	落实

续上表

工作项目	工作任务	具体内容	基本要求	主管部门监管方式	职责分工						
					主要负责人	分管业务负责人	分管安全负责人	业务部门负责人	安全部门负责人	分支机构负责人(车队长)	货运驾驶员
安全隐患排查治理	隐患排查		对排查出的安全隐患进行登记和治理,及时消除事故隐患	检查企业安全检查台账	统筹	组织	指导	主办	督查	主办	落实
	建立安全隐患排查治理档案		档案应包括以下内容:隐患排查治理日期;隐患排查的具体部位或场所;发现事故隐患的数量和具体内容;隐患治理意见;参加隐患排查治理的人员及其签字;事故隐患治理情况,复查情况、复查时间、复查人员及其签字		统筹	组织	指导	主办	督查	主办	落实
	隐患统计		每季、每年对本单位事故隐患排查治理情况进行统计,分析隐患形成的原因、特点及规律,建立事故隐患排查治理长效机制	检查企业安全检查台账	统筹	组织	指导	主办	督查	主办	落实
	执法监督		积极配合有关部门的安全隐患监督检查人员依法进行的监督检查,不得拒绝和阻挠		统筹	组织	指导	主办	督查	主办	落实
目标考核	年度安全生产目标		根据相关管理部门的要求和自身实际情况,制订年度安全生产目标	检查安全目标文件	统筹	协助	组织	协办	主办	参加	参加

续上表

工作任务		基本要求	主管部门监管方式	职责分工					
项目	具体内容			主要负责人	分管业务负责人	分管安全负责人	业务部门负责人	安全部门负责人	分支机构负责人（车队长）	货运驾驶员
目标考核	年度安全生产目标	安全生产目标应至少包括道路交通责任事故起数、受伤人数、财产损失、万车公里事故起数、万车公里伤亡人数等指标	检查安全生产目标文件	统筹	协助	组织	协办	主办	参加	参加
	全年安全年度考核	针对年度目标，对各部门、各岗位人员进行安全绩效考核，通报考核结果	检查绩效考核文件	统筹	协助	组织	协办	主办	—	—
	建立安全生产奖惩制度	根据安全生产年终考核结果，对安全生产相关部门、岗位工作人员给予一定的奖惩；对全年无事故、无交通违法记录的文明安全驾驶员予以表彰奖励	检查绩效考核文件	统筹	协助	组织	协办	主办	参加	参加

分数统计	
安全总体情况评估：[ ]优秀（95分以上）[ ]良好（80分~95分）[ ]合格（60分~80分）[ ]较差（30分~60分）[ ]极差（30分以下）	
受检单位（盖章）	单位负责人（签名）

注："安全总体情况评估"中，"以上"含本数，"以下"不含本数。

附件8 道路货物运输站（场）企业安全生产管理规范及岗位职责分工一览表

工作项目	任务	具体内容	基本要求	主管部门监管方式	职责分工					
					主要负责人	分管业务负责人	分管安全负责人	业务部门负责人	安全部门负责人	分支机构负责人（车队长）
安全生产基础保障	设置安全生产领导机构和管理机构、配备安全管理人员	安全生产领导机构	道路货物运输站（场）企业安全生产领导机构应当包括企业主要负责人、运输经营、安全管理人员、从业人员管理等部门负责人	检查企业架构图	统筹	协助	组织	协办	主办	—
		安全管理人员	从业人员超过300人的，应当设置安全生产管理机构或者配备专职安全生产管理人员；从业人员在300人以下的，应当配备专职或者兼职的安全生产管理人员，或者委托具有国家规定的相关专业资格的工程技术人员提供安全管理服务	检查企业专职安全管理人员任命书	统筹	协助	组织	协办	主办	—
	定期召开安全生产工作会议和例会		安全工作会议至少每季度召开一次	检查企业安全会议台账	统筹	协助	组织	协办	主办	参加
			安全例会至少每月召开一次		统筹	协助	组织	协办	主办	参加
			特别是发生较大以上事故后，应及时召开安全分析通报会		统筹	协助	组织	协办	主办	参加
			安全生产工作会议和例会应当有会议记录，会议记录应建档保存，保存期不少于3年		统筹	协助	组织	协办	主办	参加

续上表

工作任务		基本要求	主管部门监管方式	职责分工				
项目	具体内容			主要负责人	分管业务负责人	分管安全负责人	业务部门负责人	安全部门负责人	分支机构负责人（车队长）
安全生产基础保障	安全生产专项资金设立、提取及使用	按不低于上年度实际营业收入的1%的比例提取，设立安全生产专项资金		统筹	协助	组织	协办	主办	—
		安全生产专项资金主要用于完善、改造、维护安全运营设施和设备，配备应急救援器材、设备和人员安全防护用品，开展安全宣传教育、安全培训，进行安全检查与隐患治理，开展应急救援演练等各项工作的费用支出	检查安全生产专项资金使用台账	统筹	协助	组织	协办	主办	—
安全生产目标管理	制订责任目标	应制订"安全生产方针、目标和不低于主管部门下达的安全生产控制指标，制定实现安全生产方针与目标的措施	检查安全生产方针文件	统筹	主办	主办	—	—	—
		主要负责人的安全生产责任、目标	检查企业有关文件资料、安全生产责任制度	主办	—	—	—	—	—
		分管安全生产和运输经营人的安全生产责任、目标		统筹	主办	组织	—	—	—
	依法建立健全安全生产目标管理	管理科室、分公司等部门及其负责人的安全生产责任、目标		统筹	组织	组织	主办	主办	—
		岗位从业人员的安全生产责任、目标		统筹	组织	组织	主办	主办	—
		企业与各分支机构层层签订安全生产目标责任书，制定明确的考核指标，定期（每季度）考核并公布考核结果及奖惩情况	检查企业责任书、考核公告文件	统筹	协助	组织	协办	主办	参加

续上表

工作任务项目		具体内容	基本要求	主管部门监管方式	职责分工					
					主要负责人	分管业务负责人	分管安全负责人	业务部门负责人	安全部门负责人	分支机构负责人(车队长)
安全生产管理职责	实行安全生产一岗双责		主要负责人是安全生产的第一责任人,负有安全生产的全面责任;分管安全生产的负责人协助主要负责人履行安全生产职责,对安全生产工作负组织实施和综合管理及监督责任;其他负责人对各自职责范围内的安全生产工作负直接管理责任。企业各职能部门承担相应的安全生产职责范围内,各岗位人员承担相应的安全生产职责	检查企业相关文件;抽查相关人员安全履职情况	主办	主办	主办	主办	主办	主办
	主要负责人履职情况		严格执行安全生产的法律、法规、规章、规范和标准,组织落实相关管理部门的工作部署和要求	听取主要负责人汇报	主办	—	—	—	—	—
			建立健全本企业安全生产责任制,组织制订并落实安全生产规章制度,落实安全生产操作规程	汇报材料(需提供书面汇报材料),抽查公司相关档案台账	主办	—	—	—	—	—
			依法建立适应安全生产管理需要的分管安全负责人、技术负责人,配备专职安全管理人员		主办	—	—	—	—	—

续上表

工作任务		主管部门监管方式	职 责 分 工					
项目	具体内容		主要负责人	分管业务负责人	分管安全负责人	业务部门负责人	安全部门负责人	分支机构负责人（车队长）
主要负责人履职情况	按规定足额提取安全生产专项预金，保证本企业安全生产投入的有效实施		主办	—	—	—	—	—
	督促、检查本单位安全生产工作，及时消除生产安全事故隐患		主办	—	—	—	—	—
	组织开展本企业的安全生产教育培训工作		主办	—	—	—	—	—
	组织制订并实施本企业的生产安全事故应急救援预案，建立应急救援组织	听取主要负责人汇报（需提供书面汇报材料），抽查公司相关档案台账	主办	—	—	—	—	—
安全生产管理机构及安全管理人员履职情况	严格执行安全生产的法律法规、规章规范和标准，组织实施安全工作部署和要求，参与本单位安全生产决策		统筹	协助	组织	协办	主办	—
	组织制订操作规程，落实本单位安全责任追究等规章制度，落实本单位安全生产责任制		统筹	协助	组织	协办	主办	—
	组织实施或监督本单位安全生产的有效投入		统筹	协助	组织	协办	主办	—

续上表

工作项目	工作任务	具体内容	基本要求	主管部门监管方式	职责分工					
					主要负责人	分管业务负责人	分管安全负责人	业务部门负责人	安全部门负责人	分支机构负责人(车队长)
安全生产管理	安全生产管理机构及安全管理人员履职情况		组织开展本单位的安全生产检查,督促相关部门及时消除生产安全事故隐患		统筹	协助	组织	协办	主办	—
			组织开展本单位的安全生产宣传、教育和培训工作,总结和推广安全生产工作的先进经验	听取安全生产直接责任人汇报(需提供书面汇报材料),抽查公司相关档案台账	统筹	协助	组织	协办	主办	—
			组织开展本单位安全生产标准化建设工作		统筹	协助	组织	协办	主办	—
			组织制订并实施本单位的生产安全事故应急救援预案,建立应急救援组织		统筹	协助	组织	协办	主办	—
			定期组织分析本单位安全生产形势,研究解决重大问题		统筹	协助	组织	协办	主办	—
从业人员管理	建立从业人员聘用制度建立及落实情况		按照《劳动合同法》要求,严格用工条件,严格审查从业人员资格和经历,符合条件的,签订聘用合同	检查相关制度及聘用资料	统筹	组织	指导	主办	督查	参加

续上表

工作任务		主管部门监管方式	职责分工					
项目	具体内容	基本要求		主要负责人	分管业务负责人	分管安全负责人	业务部门负责人	安全部门负责人	分支机构负责人（车队长）
从业人员管理	建立从业人员岗前培训制度	严格落实从业人员持证上岗和从业人员先培训后上岗制度，健全培训档案。岗前培训内容主要包括：国家道路交通安全和安全生产相关法律法规、职业道德、安全告知知识、应急处置知识、企业有关安全运营管理的规定等	检查相关制度及培训台账	统筹	组织	指导	主办	督查	参加
	建立从业人员安全教育、培训及考核制度	定期对从业人员开展安全生产法律法规、技能训练、应急处置等培训。从业人员，每年至少进行8学时的安全教育培训。道路货物运输站（场）企业应当组织和督促从业人员参加继续教育，保证从业人员参加教育和培训的时间，提供必要的学习条件	检查相关制度及培训台账	统筹	组织	指导	主办	督查	参加
	建立从业人员档案管理制度	企业驾驶员实行一人一档，内容包括驾驶员基本信息、从业资质信息、安全行车记录情况、奖惩情况、违章违纪情况、行车事故情况等	检查企业从业人员档案	统筹	组织	指导	主办	督查	参加

续上表

工作任务		基本要求	主管部门监管方式	职责分工					
项目	具体内容			主要负责人	分管业务负责人	分管安全负责人	业务部门负责人	安全部门负责人	分支机构负责人（车队长）
安全生产操作规程	制定安全生产操作规程	根据关键岗位的特点，分类制订安全生产操作规程，并监督员工严格执行，推行安全生产技术标准化作业	检查规程制度	统筹	组织	指导	主办	督查	—
其他安全生产管理制度	安全生产费用提取和使用管理制度	建立企业安全生产费用提取和使用管理制度，做好企业安全生产费用提取和使用记录台账	检查相关制度	统筹	组织	指导	主办	督查	主办
	安全生产监督检查制度	建立企业安全生产监督检查制度，严格按照法律法规的有关规定和本单位的要求组织开展安全生产检查工作	检查相关制度及落实情况	统筹	组织	指导	主办	督查	主办
	安全生产基础档案制度	建立安全生产基础档案制度，明确安全生产管理资料的归档、查阅	检查相关制度及落实情况	统筹	组织	指导	主办	督查	主办
	安全生产奖惩制度	建立安全生产奖惩制度。对各部门、各岗位人员进行日常管理和安全运营的全过程考核，定期通报奖惩情况，根据考核结果做出奖惩处理	检查相关制度及落实情况	统筹	组织	指导	主办	督查	主办

续上表

工作任务		基本要求	主管部门监管方式	职责分工				
项目	具体内容			主要负责人	分管业务负责人	分管安全负责人	业务部门负责人	安全部门负责人	分支机构负责人（车队长）
其他安全生产管理制度	安全生产事故应急处置制度	建立安全生产事故应急处置制度；发生安全生产事故后，道路货物运输站（场）企业应当立即采取有效措施，组织抢救，防止事故扩大，减少人员伤亡和财产损失	检查相关制度及落实情况	统筹	组织	指导	督查	主办	参加
	安全生产事故责任调查制度	按照"事故原因不查清不放过、事故责任者得不到处理不放过、整改措施不落实不放过、教训不吸取不放过"的原则，对相关责任人进行严肃处理	检查相关制度及落实情况	统筹	组织	指导	督查	主办	参加
	应急救援制度	建立应急救援制度。健全应急救援组织体系，建立应急救援队伍，制订完善应急救援预案	检查相关制度及落实情况	统筹	组织	指导	督查	主办	参加
	安全生产宣传和教育制度	建立安全生产宣传和教育制度。普及安全知识，强化员工安全生产操作技能，提高员工安全生产能力。配备和完善设施和设备，定期更新宣传、教育内容。安全宣传、教育与培训应予以记录并建档保存，保存期限应至少为3年	检查相关制度及落实情况	统筹	组织	指导	主办	督查	参加

续上表

工作项目	工作任务		主管部门监督方式	职 责 分 工					
	具体内容	基本要求		主要负责人	分管业务负责人	分管安全负责人	业务部门负责人	安全部门负责人	分支机构负责人(车队长)
安全隐患排查治理	安全隐患排查治理制度	依据《安全生产法》等相关法律法规及自身管理规定,制订安全隐患排查工作方案,明确排查的目的、范围、方法。每月至少开展一次安全自查自纠工作,对运营过程的安全生产各要素和环节进行安全隐患排查,发现安全管理缺陷和漏洞,及时消除安全隐患	检查相关制度及落实情况	统筹	组织	指导	主办	督查	主办
	安全检查方式	根据安全检查的需要和特点,采用综合检查、专业检查、季节性检查、节假日检查、日常检查等方式进行隐患排查	检查企业安全检查计划文件	统筹	组织	指导	主办	督查	主办
	隐患排查	对排查出的安全隐患进行登记和治理,及时消除事故隐患	检查企业安全隐患台账	统筹	组织	指导	主办	督查	主办
	建立安全隐患排查治理档案	档案应包括以下内容:隐患排查治理日期;发现事故隐患的具体数量、类别和具体场所;隐患排查治理意见;参加隐患排查治理的人员及其签字;事故隐患治理情况;复查时间、复查人员及其签字	检查企业安全检查台账	统筹	组织	指导	主办	督查	主办

续上表

工作任务		基本要求	主管部门监管方式	职责分工					
项目	具体内容			主要负责人	分管业务负责人	分管安全负责人	业务部门负责人	安全部门负责人	分支机构负责人(车队长)
安全隐患排查治理	隐患统计	每季、每年对本单位事故隐患排查治理情况进行统计,分析隐患形成的原因、特点及规律,建立长效机制	检查企业安全检查台账	统筹	组织	指导	主办	督查	主办
	执法监督	积极配合有关部门的安全隐患监督检查人员依法进行的安全隐患监督检查,不得拒绝和阻挠		统筹	组织	指导	主办	督查	主办
目标考核	年度安全生产目标	根据相关管理部门的要求和自身实际情况,制订年度安全生产目标。安全生产目标应至少包括事故起数、死亡人数、受伤人数、财产损失等指标	检查安全生产目标文件	统筹	协助	组织	协办	主办	参加
	建立安全生产考核	针对年度目标,对各部门、各岗位人员进行安全绩效考核,通报考核结果	检查安全生产目标文件	统筹	协助	组织	协办	主办	参加
			检查绩效考核文件	统筹	协助	组织	协办	主办	—
	年度考核与奖惩制度	根据安全生产相关年终考核结果,对安全生产工作人员给予一定的奖惩。对全年无事故的文明安全从业人员予以表彰奖励	检查绩效考核文件	统筹	协助	组织	协办	主办	参加

分数统计	
安全总体情况评估:[ ]优秀(95分以上)[ ]良好(80分~95分)[ ]合格(60分~80分)[ ]较差(30分~60分)[ ]极差(30分以下)	
受检单位(盖章)	单位负责人(签名)

注:"安全总体情况评估"中,"以上"含本数,"以下"不含本数。

附件9 道路货运企业安全生产达标考评指标

考评内容	考评要点		分值	考评评价	得分
安全目标 （35分）	安全工作 方针与目标	制订企业安全生产方针、目标和不低于上级下达的安全控制指标	5★★★		
		制订实现安全工作方针与目标的措施	5		
	中长期规划	制订和实施企业安全生产中长期规划和跨年度专项工作方案	5★★		
	年度计划	根据中长期规划，制定年度计划和年度专项活动方案，并严格执行	5		
	目标考核	将安全生产管理指标进行细化和分解，制订阶段性的安全生产控制指标	5		
		制定安全生产目标考核与奖惩办法	5		
		定期考核年度安全生产目标完成情况，并奖惩兑现	5		
管理机构 和人员 （35分）	安全管理机构	成立安全生产委员会（或领导小组），下属各分支机构分别成立相应的领导机构。安委会职责明确，实行主要领导负责制	10★★		
		设置与安全生产相适应的安全生产管理机构	10★★★		
		定期召开安全生产委员会会议。安全生产管理机构和下属各分支机构每月至少召开一次安全工作例会	5		
	管理人员配备	按规定足额配备专职安全生产和应急管理人员	10★★★		
安全责任 体系 （45分）	健全责任制	企业主要负责人、分管领导、全体员工安全职责明确，制订并落实安全生产责任制，层层签订安全生产责任书，并落实到位	10★★★		
		主要负责人或实际控制人是安全生产第一责任人，按照安全生产法律法规赋予的职责，对安全生产负全面组织领导、管理责任和法律责任，并履行安全生产的责任和义务	5		
		分管安全生产的负责人是安全生产的重要负责人，统筹协调和综合管理企业的安全生产工作，对安全生产负重要管理责任	5		
		其他负责人和全体员工实行"一岗双责"，对业务范围内的安全生产工作负责	5		
		安全生产管理机构、各职能部门、生产基层单位的安全职责明确并落实到位	10		
	责任制考评	根据安全生产责任进行定期考核和奖惩，公告考评和奖惩情况	10★★		

续上表

考评内容		考评要点	分值	考评评价	得分
法规和安全管理制度（70分）	资质	《道路运输经营许可证》、《企业法人营业执照》合法有效，经营范围符合要求	10★★★		
	法规	及时识别、获取适用的安全生产法律法规、标准规范	5		
		将法规标准和相关要求及时转化为本单位的规章制度，贯彻到各项工作中	5		
		将适用的安全生产法律、法规、标准及其他要求及时对从业人员进行宣传和培训	5		
	安全管理制度	制定并及时修订安全生产管理制度，包括：a. 安全生产责任制；b. 安全例会制度；c. 文件和档案管理制度；d. 安全生产费用提取和使用管理制度；e. 设施、设备、货物安全管理制度；f. 安全生产培训和教育学习制度；g. 安全生产监督检查制度；h. 事故统计报告制度；i. 安全生产奖惩制度	10		
		对从业人员进行安全管理制度的学习和培训	5		
	岗位安全生产操作规程	制定并及时修订各岗位的安全生产操作规程，并发放到岗位(职工)	10★★★		
		对从业人员进行安全操作规程的学习和培训；从业人员严格执行本单位的安全操作规程	5		
	制度执行及档案管理	执行国家有关安全生产方针、政策、法规及本单位的安全管理制度和操作规程，依据行业特点，制订企业安全生产管理措施	5		
		每年至少一次对安全生产法律法规、标准规范、规章制度、操作规程的执行情况进行检查	5		
		建立和完善各类台账和档案，并按要求及时报送有关资料和信息	5★★★		
安全投入（50分）	资金投入	按规定足额提取安全生产费用	10★★★		
		安全生产经费专款专用，保证安全生产投入的有效实施	15★★		
		及时投入满足安全生产条件的所需资金	10		
	费用管理	跟踪、监督安全生产专项经费使用情况	10		
		建立安全费用使用台账	5		

续上表

考评内容		考评要点	分值	考评评价	得分
装备设施 (85分)	安全设施	安全生产设施设备符合有关规定,并保证齐全、完好,没有随意改动	10★★		
		车辆按规定配备三角木、警示牌、防滑链等安全设备,配足有效的消防设备及器材	10★★		
	车辆	车辆持有效的《道路运输证》、《机动车行驶证》等证照	10★★		
		车辆技术等级达到行业标准规定的技术等级	5★★★		
		运营车辆符合国家标准规定的使用年限或运营公里数	5★★★		
		严格执行车辆的强制报废制度,加强临近报废车辆的技术监管,及时处理临近报废车的安全隐患	10		
	特种装备	指定专人对特种设备进行管理	10		
		特种设备按规定进行定期检验,检验证书合法有效	10		
		特种设备维护保养良好	10		
		按要求建立特种设备台账	5		
科技创新与信息化 (65分)	科技信息化	制订卫星定位装置安装使用规定	10		
		为所属车辆安装符合行业标准的道路运输车辆卫星定位系统车载终端	15		
		对车辆进行动态监控,及时提醒、预警	15		
		设有其他的安全监管信息系统	10		
		组织开展安全生产科技攻关或课题研究	10		
		建立了动态监控工作台账	5		
队伍建设 (90分)	培训计划	制订并实施年度及长期的继续教育培训计划,明确培训内容和年度培训时间	10		
	宣传教育	组织开展安全生产的法律、法规和安全生产知识的宣传、教育	10		

续上表

考评内容		考评要点	分值	考评评价	得分
队伍建设（90分）	管理人员	企业主要负责人和管理人员具备相应安全知识和管理能力，并取得行业主管部门培训合格证	10★★★		
		专（兼）职安全管理人员具备专业安全生产管理知识和经验，熟悉各岗位的安全生产业务操作规程，运用专业知识和规章制度开展安全生产管理工作，并保持安全生产管理人员的相对稳定	15		
	从业人员培训	从业人员每年接受再培训，提高从业人员的素质和能力，再培训时间不得少于有关规定学时。未经安全生产培训合格的从业人员，不得上岗作业	10★★		
		转岗人员及时进行岗前培训	10		
		新技术、新设备投入使用前，对管理和操作人员进行专项培训	10		
	规范档案	建立健全安全宣传教育培训考评档案，详细、准确记录培训考评情况	5		
		对培训效果进行评审，改进提高培训质量	10		
作业管理（165分）	现场作业管理	严格执行操作规程和安全生产作业规定，严禁违章指挥、违章操作、违反劳动纪律	10		
	安全值班	制定并落实安全生产值班计划和值班制度，重要时期实行领导到岗带班，有值班记录	10		
	相关方管理	两个或两个以上单位共用同一设施设备进行生产经营的现场安全生产管理职责明确，并落实到位	5		
	驾驶员管理	制定并落实驾驶员行车安全档案管理制度，实行一人一档	10		
		严格审查驾驶员的驾驶证件、从业资格和驾驶经历，符合条件的签订聘用合同	15★★		
		客运车辆每日运行里程超过400公里（高速公路直达超过800公里）的，按规定配备两名以上驾驶员；驾驶员连续驾驶时间不超过4小时，或者24小时内累计驾驶不超过8小时	15★★		

续上表

考评内容	考评要点		分值	考评评价	得分
作业管理（165分）	驾驶员管理	规定驾驶员的行车路线，对危险路段进行标注，供驾驶员参考	10		
		及时掌握极端天气及路况信息，提示作业中的驾驶员谨慎驾驶	10		
	营运车辆管理	制订并落实车辆技术管理制度，按国家规定的技术规范对车辆进行定期维护与检测，保持运输车辆技术状况良好	15★★		
		落实专人负责车辆技术管理工作，车辆安全技术状况符合有关规定	10		
		建立并落实车辆安全检查制度。做好出车前、行车中及收车后的车辆检查工作，发现故障及隐患，及时排除	15★★		
		维护、维修作业须在交通运输管理部门认定的汽车维修企业进行	10		
		建立并妥善保管车辆技术档案，相关内容记载及时、完整、准确、规范，车辆技术档案一车一档	10		
	运输管理	车辆严格按核定载荷范围内运行，无违反规定超限、超载运输	15★★★		
	警示标志	在存在危险因素的作业场所和设备设施，设置明显的安全警示标志，警示、告知危险种类、后果及应急措施	5		
危险源辨识与风险控制（50分）	危险源辨识	开展本单位危险设施或场所危险源的辨识和确定工作	10		
		辨识重大危险源，采取有效防护措施，按规定报有关部门备案	15★★		
	风险控制	及时对作业活动和设备设施进行危险、有害因素识别	10		
		向从业人员如实告知作业场所和工作岗位存在的危险因素、防范措施以及事故应急措施	10		
		对危险源进行建档，重大危险源单独建档管理	5		

续上表

考评内容		考评要点	分值	考评评价	得分
隐患排查与治理（75分）	隐患排查	制订隐患排查工作方案,明确排查的目的、范围,选择合适的排查方法	10		
		每月至少开展一次安全自查自纠工作,及时发现安全管理缺陷和漏洞,消除安全隐患。检查及处理情况应当记录在案	10★★★		
		对各种安全检查所查出的隐患进行原因分析,制订针对性控制对策	5		
	隐患治理	制订隐患治理方案,包括目标和任务、方法和措施、经费和物资、机构和人员、时限和要求	10		
		对上级检查指出或自我检查发现的一般安全隐患,严格落实防范和整改措施,并组织整改到位	10		
		重大安全隐患报相关部门备案,做到整改措施、责任、资金、时限和预案"五到位"	10★★		
		建立隐患治理台账和档案,有相关的记录	5		
		按规定对隐患排查和治理情况进行统计分析,并向有关部门报送	10		
职业健康（30分）	健康管理	设置或指定职业健康管理机构,配备专（兼）职管理人员	5		
		按规定对员工进行职业健康检查	5		
	工伤保险	为从事危险作业人员办理意外伤害险	10★★		
	危害告知	对从业人员进行职业健康宣传培训。使其了解其作业场所和工作岗位存在的危险因素和职业危害、防范措施和应急处理措施,降低或消除危害后果的事项	5		
	劳动保护	为从业人员提供符合职业健康要求的工作环境和条件,配备与职业健康保护相适应的设施、工具	5		

续上表

考评内容		考评要点	分值	考评评价	得分
安全文化（35分）	安全环境	设立安全文化廊、安全角、黑板报、宣传栏等员工安全文化阵地，每月至少更换两次内容	5		
		公开安全生产举报电话号码、通信地址或者电子邮件信箱。对接到的安全生产举报和投诉及时予以调查和处理	5★★		
	安全行为	开展安全承诺活动	5★		
		编制安全知识手册，并发放到职工	5		
		组织开展安全生产月活动、安全生产竞赛活动，有方案、有总结	5		
		对在安全工作中做出显著成绩的集体、个人给予表彰、奖励，并与其经济利益挂钩	5		
		对安全生产进行检查、评比、考评，总结和交流经验，推广安全生产先进管理方法	5		
应急救援（85分）	预案制定	制订相应的突发事件应急预案，有相应的应急保障措施	10★★★		
		结合实际将应急预案分为综合应急预案、专项应急预案和现场处置方案	5★★		
		应急预案与当地政府预案保持衔接，报当地有关部门备案，通报有关协作单位	5		
		定期评审应急预案，并根据评审结果或实际情况的变化进行修订和完善	10		
	预案实施	开展应急预案的宣传教育，普及生产安全事故预防、避险、自救和互救知识	5		
		开展应急预案培训活动，使有关人员了解应急预案内容，熟悉应急职责、应急程序和应急处置方案	5★★★		
		发生事故后，及时启动应急预案，组织有关力量进行救援，并按照规定将事故信息及应急预案启动情况报告有关部门	10		
	应急队伍	建立与本单位安全生产特点相适应的专兼职应急救援队伍，或指定专兼职应急救援人员	5		
		组织应急救援人员日常训练	5		
	应急装备	按照应急预案的要求配备相应的应急物资及装备	5		
		建立应急装备使用状况档案，定期进行检测和维护，使其处于良好状态	5		
	应急演练	按照有关规定制定应急预案演练计划，并按计划组织开展应急预案演练	10★★★		
		应急预案演练结束后，对应急预案演练效果进行评审，撰写应急预案演练评审报告，分析存在的问题，并对应急预案提出修订意见	5★		

续上表

考评内容		考评要点	分值	考评评价	得分
事故报告调查处理（50分）	事故报告	发生事故及时进行事故现场处置，按相关规定及时、准确、如实向有关部门报告，没有瞒报、谎报、迟报情况	10★★★		
		跟踪事故发展情况，及时续报事故信息，建立事故档案和事故管理台账	5		
	事故处理	接到事故报告后，迅速采取有效措施，组织抢救，防止事故扩大，减少人员伤亡和财产损失	10		
		发生事故后，按规定成立事故调查组，积极配合各级人民政府组织的事故调查，随时接受事故调查组的询问，如实提供有关情况	5		
		按时提交事故调查报告，分析事故原因，落实整改措施	5		
		发生事故后，及时召开安全生产分析通报会，对事故当事人的聘用、培训、考评、上岗以及安全管理等情况进行责任调查	5		
		按"四不放过"原则严肃查处事故，严肃查处安全生产事故，严格追究责任领导和相关责任人。处理结果报有关部门备案	10★		
绩效考评与持续改进（35分）	绩效评定	每年至少一次对本单位安全生产标准化的实施情况进行评定，对安全生产工作目标、指标的完成情况进行综合考评	5		
	持续改进	提出进一步完善安全标准化的计划和措施，对安全生产目标、指标、管理制度、操作规程等进行修改完善	10		
	安全管理体系建设	根据企业生产经营实际，建立相应的安全管理体系，规范安全生产管理，形成长效机制	20★		

考评员（签名）：　　　　　　　　　　　　　　　　　　　　　　　年　月　日

附件10 道路货物运输站（场）企业安全生产达标考评指标

考评内容	考评要点		分值	考评评价	得分
安全目标 （35分）	安全工作方针与目标	制订企业安全生产方针、目标和不低于上级下达的安全控制指标	5★★★		
		制订实现安全工作方针与目标的措施	5		
	中长期规划	制订和实施企业安全生产中长期规划和跨年度专项工作方案	5★★		
	年度计划	根据中长期规划，制定年度计划和年度专项活动方案，并严格执行	5		
	目标考核	将安全生产管理指标进行细化和分解，制定阶段性的安全生产控制指标	5		
		制定安全生产目标考核与奖惩办法	5		
		定期考核年度安全生产目标完成情况，并奖惩兑现	5		
管理机构和人员 （35分）	安全管理机构	成立安全生产委员会（或领导小组），下属各分支机构分别成立相应的领导机构。安委会职责明确，实行主要领导负责制	10★★		
		设置与安全生产相适应的安全生产管理机构	10★★★		
		定期召开安全生产委员会议。安全生产管理机构和下属各分支机构每月至少召开一次安全工作例会	5		
	管理人员配备	按规定足额配备专职安全生产和应急管理人员	10★★★		
安全责任体系 （45分）	健全责任制	企业主要负责人、分管领导、全体员工安全职责明确，制定并落实安全生产责任制，层层签订安全生产责任书，并落实到位	10★★★		
		主要负责人或实际控制人是安全生产第一责任人，按照安全生产法律法规赋予的职责，对安全生产负全面组织领导、管理责任和法律责任，并履行安全生产的责任和义务	5		
		分管安全生产的负责人是安全生产的重要负责人，统筹协调和综合管理企业的安全生产工作，对安全生产负重要管理责任	5		
		其他负责人和全体员工实行"一岗双责"，对业务范围内的安全生产工作负责	5		
		安全生产管理机构、各职能部门、生产基层单位的安全职责明确并落实到位	10		
	责任制考评	根据安全生产责任进行定期考核和奖惩，公告考评和奖惩情况	10★★		

续上表

考评内容		考 评 要 点	分值	考评评价	得分
法规和安全管理制度（70分）	资质	《道路运输经营许可证》、《企业法人营业执照》合法有效,经营范围符合要求	10★★★		
	法规	及时识别、获取适用的安全生产法律法规、标准规范	5		
		将法规标准和相关要求及时转化为本单位的规章制度,贯彻到各项工作中	5		
		将适用的安全生产法律、法规、标准及其他要求及时对从业人员进行宣传和培训	5		
	安全管理制度	制订并及时修订安全生产管理制度,包括:①安全生产责任制;②安全例会制度;③文件和档案管理制度;④安全生产费用提取和使用管理制度;⑤设施、设备、货物安全管理制度;⑥安全生产培训和教育学习制度;⑦安全生产监督检查制度;⑧事故统计报告制度;⑨安全生产奖惩制度	10		
		对从业人员进行安全管理制度的学习和培训	5		
	岗位安全生产操作规程	制订并及时修订各岗位的安全生产操作规程,并发放到岗位(职工)	10★★		
		对从业人员进行安全操作规程的学习和培训;从业人员严格执行本单位的安全操作规程	5		
	制度执行及档案管理	执行国家有关安全生产方针、政策、法规及本单位的安全管理制度和操作规程,依据行业特点,制订企业安全生产管理措施	5		
		每年至少一次对安全生产法律法规、标准规范、规章制度、操作规程的执行情况进行检查	5		
		建立和完善各类台账和档案,并按要求及时报送有关资料和信息	5★★★		
安全投入（50分）	资金投入	按规定足额提取安全生产费用	10★★★		
		安全生产经费专款专用,保证安全生产投入的有效实施	15★★		
		及时投入满足安全生产条件的所需资金	10		
	费用管理	跟踪、监督安全生产专项经费使用情况	10		
		建立安全费用使用台账	5		

续上表

考评内容	考评要点		分值	考评评价	得分
装备设施（105分）	安全设施及管理	具备满足安全生产需要的场地和设施设备	10		
		按国家有关规定配足有效的安全和消防设施、设备及器材，并确保齐全有效	15★★		
		设有覆盖安全重点部位视频监控设备，并保持实时监控	15★★		
		设有应急通道	10		
		按规定设置宣传告示设备、安全警告标志、指示牌	5		
	特种装备	指定专人对特种设备进行管理	10		
		特种设备按规定进行定期检验，检验证书合法有效	10		
		特种设备维护保养良好	10		
		按要求建立特种设备台账	5		
	电气安全管理	按照国家相关法律法规规范场站电气安全管理	15		
科技创新与信息化（45分）	科技应用及创新	使用先进的、安全性能可靠的新技术、新工艺、新设备和新材料，优先选购安全、高效、节能的先进设备	15		
		设有安全生产管理系统或平台	10		
		组织开展安全生产科技攻关或课题研究	10		
		设有其他的安全监管信息系统	10		
队伍建设（90分）	培训计划	制订并实施年度及长期的继续教育培训计划，明确培训内容和年度培训时间	10		
	宣传教育	组织开展安全生产的法律、法规和安全生产知识的宣传、教育	10		
	管理人员	企业主要负责人和管理人员具备相应安全知识和管理能力，并取得行业主管部门培训合格证	10★★		
		专（兼）职安全管理人员具备专业安全生产管理知识和经验，熟悉各岗位的安全生产业务操作规程，运用专业知识和规章制度开展安全生产管理工作，并保持安全生产管理人员的相对稳定	15		

续上表

考评内容		考评要点	分值	考评评价	得分
队伍建设（90分）	从业人员培训	从业人员每年接受再培训,提高从业人员的素质和能力,再培训时间不得少于有关规定学时。未经安全生产培训合格的从业人员,不得上岗作业	10★★		
		转岗人员及时进行岗前培训	10		
		新技术、新设备投入使用前,对管理和操作人员进行专项培训	10		
	规范档案	建立健全安全宣传教育培训考评档案,详细、准确记录培训考评情况	5		
		对培训效果进行评审,改进提高培训质量	10		
作业管理（160分）	现场作业管理	严格执行操作规程和安全生产作业规定,严禁违章指挥、违章操作、违反劳动纪律	15		
		按照国家相关法律法规,规范场站货物装卸及储存安全管理	15		
		在下达生产任务时,布置安全生产工作要求	10		
		从业人员具有相关资质条件	15★★		
		指定专人对危险作业进行现场管理	10★★		
		停车场内有专人指挥,调度车辆进站发车,停车整齐规范	15		
		货物堆放和存储符合相关安全规范和技术要求	10		
	安全值班	制定并落实安全生产值班计划和值班制度,重要时期实行领导到岗带班,有值班记录	10		
	相关方管理	两个或两个以上单位共用同一设施设备进行生产经营的现场安全生产管理职责明确,并落实到位	5		
		按照货物性质、保管要求进行分类存放,危险货物存放符合相关规定,装载作业符合规定并有专人负责	15		
	车辆管理	制定并落实车辆安全检查制度	10		
		按规定配备专门的安全人员。安全例检人员熟悉货车结构、检验方法和相关技术标准,和相关法律法规	10		
		有健全的安全检查制度和流程,无超载、超限等不符合安全要求的车辆出站	15★★★		
		建立并规范填写车辆安全检查台账	5		

续上表

考评内容		考 评 要 点	分值	考评评价	得分
危险源辨识与风险控制（50分）	危险源辨识	开展本单位危险设施或场所危险源的辨识和确定工作	10		
		辨识重大危险源，采取有效防护措施，按规定报有关部门备案	15★★		
	风险控制	及时对作业活动和设备设施进行危险、有害因素识别	10		
		向从业人员如实告知作业场所和工作岗位存在的危险因素、防范措施以及事故应急措施	10		
		对危险源进行建档，重大危险源单独建档管理	5		
隐患排查与治理（80分）	隐患排查	制订隐患排查工作方案，明确排查的目的、范围，选择合适的排查方法	10		
		每月至少开展一次安全自查自纠工作，及时发现安全管理缺陷和漏洞，消除安全隐患。检查及处理情况应当记录在案	15★★		
		对各种安全检查所查出的隐患进行原因分析，制订针对性控制对策	10		
	隐患治理	制订隐患治理方案，包括目标和任务、方法和措施、经费和物资、机构和人员、时限和要求	10		
		对上级检查指出或自我检查发现的一般安全隐患，严格落实防范和整改措施，并组织整改到位	10		
		重大安全隐患报相关部门备案，做到整改措施、责任、资金、时限和预案"五到位"	10★★		
		建立隐患治理台账和档案，有相关的记录	5		
		按规定对隐患排查和治理情况进行统计分析，并向有关部门报送	10		
职业健康（30分）	健康管理	设置或指定职业健康管理机构，配备专（兼）职管理人员	5		
		按规定对员工进行职业健康检查	5		
	工伤保险	为从事危险作业人员办理意外伤害险	5★★		
	危害告知	对从业人员进行职业健康宣传培训。使其了解其作业场所和工作岗位存在的危险因素和职业危害、防范措施和应急处理措施，降低或消除危害后果的事项	5		
	劳动保护	为从业人员提供符合职业健康要求的工作环境和条件，配备与职业健康保护相适应的设施、工具	5		
		对于会造成职业危害的岗位实行轮岗制度，或定期安排员工休假、疗养	5		

续上表

考评内容		考 评 要 点	分值	考评评价	得分
安全文化（35分）	安全环境	设立安全文化廊、安全角、黑板报、宣传栏等员工安全文化阵地,每月至少更换两次内容	5		
		公开安全生产举报电话号码、通信地址或者电子邮件信箱。对接到的安全生产举报和投诉及时予以调查和处理	5★★		
	安全行为	开展安全承诺活动	5★		
		编制安全知识手册,并发放到职工	5		
		组织开展安全生产月活动、安全生产竞赛活动,有方案、有总结	5		
		对在安全工作中做出显著成绩的集体、个人给予表彰、奖励,并与其经济利益挂钩	5		
		对安全生产进行检查、评比、考评,总结和交流经验,推广安全生产先进管理方法	5		
应急救援（85分）	预案制定	制定相应的突发事件应急预案,有相应的应急保障措施	10★★★		
		结合实际将应急预案分为综合应急预案、专项应急预案和现场处置方案	5★★		
		应急预案与当地政府预案保持衔接,报当地有关部门备案,通报有关协作单位	5		
		定期评审应急预案,并根据评审结果或实际情况的变化进行修订和完善	10		
	预案实施	开展应急预案的宣传教育,普及生产安全事故预防、避险、自救和互救知识	5		
		开展应急预案培训活动,使有关人员了解应急预案内容,熟悉应急职责、应急程序和应急处置方案	5★★★		
		发生事故后,及时启动应急预案,组织有关力量进行救援,并按照规定将事故信息及应急预案启动情况报告有关部门	10		
	应急队伍	建立与本单位安全生产特点相适应的专兼职应急救援队伍,或指定专兼职应急救援人员	5		
		组织应急救援人员日常训练	5		
	应急装备	按照应急预案的要求配备相应的应急物资及装备	5		
		建立应急装备使用状况档案,定期进行检测和维护,使其处于良好状态	5		
	应急演练	按照有关规定制定应急预案演练计划,并按计划组织开展应急预案演练	10★★★		
		应急预案演练结束后,对应急预案演练效果进行评审,撰写应急预案演练评审报告,分析存在的问题,并对应急预案提出修订意见	5★		

续上表

考评内容	考评要点		分值	考评评价	得分
事故报告调查处理（50分）	事故报告	发生事故及时进行事故现场处置，按相关规定及时、准确、如实向有关部门报告，没有瞒报、谎报、迟报情况	10★★		
		跟踪事故发展情况，及时续报事故信息，建立事故档案和事故管理台账	5		
	事故处理	接到事故报告后，迅速采取有效措施，组织抢救，防止事故扩大，减少人员伤亡和财产损失	10		
		发生事故后，按规定成立事故调查组，积极配合各级人民政府组织的事故调查，随时接受事故调查组的询问，如实提供有关情况	5		
		按时提交事故调查报告，分析事故原因，落实整改措施	5		
		发生事故后，及时召开安全生产分析通报会，对事故当事人的聘用、培训、考评、上岗以及安全管理等情况进行责任调查	5		
		按"四不放过"原则严肃查处事故，严肃查处安全生产事故，严格追究责任领导和相关责任人。处理结果报有关部门备案	10★		
绩效考评与持续改进（35分）	绩效评定	每年至少一次对本单位安全生产标准化的实施情况进行评定，对安全生产工作目标、指标的完成情况进行综合考评	5		
	持续改进	提出进一步完善安全标准化的计划和措施，对安全生产目标、指标、管理制度、操作规程等进行修改完善	10		
	安全管理体系建设	根据企业生产经营实际，建立相应的安全管理体系，规范安全生产管理，形成长效机制	20★		

考评员（签名）：　　　　　　　　　　　　　　　　　　　　年　月　日

附件11 道路货运企业安全生产责任追究一览表

责任追究	适 用 条 件	法律法规规章依据
吊销许可证	对年度审验不合格的企业责令30日内整改,个体业户责令15日内整改;整改后仍不合格的,责令停产停业,暂扣相应的许可证和道路运输证3个月,或者吊销相应的许可证和道路运输证	《广东省道路运输管理条例》第五十九条第四款
	道路货物运输经营者已不具备开业有关安全要求有关安全条件,存在重大运输安全隐患的,由县级以上道路运输管理机构限期责令改正;在规定时间内不能按要求改正且情节严重的,由原许可机关吊销《道路运输经营许可证》或者吊销其相应的经营范围	《道路货物运输及站场管理规定》第六十六条
	事故发生单位对事故发生负有责任的,由有关部门依法暂扣或者吊销其有关证照;对事故发生单位负有事故责任的有关人员,依法暂停或者撤销其与安全生产有关的执业资格、岗位证书	《生产安全事故报告和调查处理条例》第四十条
	对1年内违法超限运输超过3次的货运车辆,由道路运输管理机构吊销其有关车辆营运证;情节严重的,吊销其道路运输经营许可证,并向社会公告	《公路安全保护条例》第六十六条
停业整顿	生产经营单位的决策机构、主要负责人或者个人经营的投资人不依照本法规定保证安全生产所需的资金投入,致使生产经营单位不具备安全生产条件的,责令限期改正,提供必需的资金;逾期未改正的,责令生产经营单位停产停业整顿。有前款违法行为,导致发生生产安全事故的,对生产经营单位的主要负责人给予撤职处分,对个人经营的投资人依照刑法有关规定追究刑事责任	《中华人民共和国安全生产法》第九十条
	生产经营单位有下列行为之一的,责令限期改正,可以处五万元以下的罚款;逾期未改正的,责令停产停业整顿,并处五万元以上十万元以下的罚款,对其直接负责的主要负责人和其他直接责任人员处一万元以上二万元以下的罚款: ①未按照规定设置安全生产管理机构或者配备安全生产管理人员的; ②危险物品的生产、经营、储存单位以及矿山、金属冶炼、建筑施工、道路运输单位的主要负责人和安全生产管理人员未按照规定经考核合格的; ③未按照规定对从业人员、被派遣劳动者、实习学生进行安全生产教育和培训,或者未如实告知有关的安全生产事项的; ④未如实记录安全生产教育和培训情况的; ⑤未将事故隐患排查治理情况如实记录或者向从业人员通报的; ⑥未按照规定制定生产安全事故应急救援预案或者未定期组织演练的; ⑦特种作业人员未按照规定经专门的安全作业培训并取得相应资格,上岗作业的	《中华人民共和国安全生产法》第九十四条

续上表

	适 用 条 件	法律法规规章依据
责任追究	生产经营单位的主要负责人未履行本法规定的安全生产管理职责，导致发生生产安全事故的，由安全生产监督管理部门依照下列规定处以罚款： ①发生一般事故的，处上一年年收入百分之三十的罚款； ②发生较大事故的，处上一年年收入百分之四十的罚款； ③发生重大事故的，处上一年年收入百分之六十的罚款； ④发生特别重大事故的，处上一年年收入百分之八十的罚款	《中华人民共和国安全生产法》第九十二条
停业整顿	未取许可，擅自从事营业性道路运输的，责令停产停业，没有违法所得，并处以5000元以上1万元以下的罚款	《广东省道路运输管理条例》第五十九条第一款
	未经许可或者超出许可范围经营的，责令停产停业，并处以1000元以上3000元以下的罚款	《广东省道路运输管理条例》第五十九条第二款
	使用失效、伪造、变造、涂改等无效的道路运输经营许可证从事道路货物运输经营的；由县级以上道路运输管理机构责令停止经营；有违法所得，处违法所得2倍以上10倍以下的罚款；没有违法所得或者违法所得不足2万元的，处3万元以上10万元以下的罚款	《道路货物运输及站场管理规定》第六十三条
	对1年内违法超限运输超过3次的货运车辆驾驶员，由道路运输管理机构责令其停止从事营业性运输；道路运输企业1年内违法超限运输的货运车辆超过单位货运车辆总数10%的，由道路运输管理机构责令道路运输企业停业整顿	《公路安全保护条例》第六十六条
	生产经营单位有下列行为之一的，由安全生产监督管理部门责令限期改正，逾期未改正的，责令停产停业整顿，并处5000以上2万元以下罚款：①配备安全主任或未委托安全中介服务机构提供安全生产管理服务的；②未安装有关安全防护装置的；③未制定事故应急预案的	《深圳市安全管理条例》第五十三条
罚款	未取得道路运输经营许可，擅自从事道路运输经营的，由县级以上道路运输管理机构责令停止经营；有违法所得，没收违法所得，处违法所得2倍以上10倍以下的罚款；没有违法所得或者违法所得不足2万元的，处3万元以上10万元以下的罚款；构成犯罪的，依法追究刑事责任	《中华人民共和国道路运输条例》第六十四条
	货运经营者非法转让、出租道路运输许可证件的，由县级以上道路运输管理机构责令停止违法行为，收缴有关证件，处2000元以上1万元以下的罚款；有违法所得的，没收违法所得	《中华人民共和国道路运输条例》第六十七条

续上表

	适 用 条 件	法律法规规章依据
责任追究	货运经营者不按照规定携带车辆营运证的,由县级以上道路运输管理机构责令改正,处警告或者20元以上200元以下的罚款	《中华人民共和国道路运输条例》第六十九条
	货运经营者有下列情形之一的,由县级以上道路运输管理机构责令改正,处1000元以上3000元以下的罚款,情节严重的,由原许可机关吊销道路运输经营许可证: ①强行揽载货物的; ②没有采取必要措施防止货物脱落、扬撒等的	《中华人民共和国道路运输条例》第七十条
	货运经营者不按规定维护和检测运输车辆的,由县级以上道路运输管理机构责令改正,处1000元以上5000元以下的罚款	《中华人民共和国道路运输条例》第七十一条
	货运经营者擅自改装已取得车辆营运证的车辆的,由县级以上道路运输管理机构责令改正,处5000元以上2万元以下的罚款	
罚款	未办理年审手续的,责令限期补办,并对运输业户处以每辆车100元以上300元以下的罚款	《广东省道路运输管理条例》第五十九条第四款
	营业性运输车辆未接受综合性能检测的,暂扣道路运输证,处以500元以上2000元以下的罚款,情节严重的,责令停产停业	《广东省道路运输管理条例》第五十九条第十四款
	违反本规定,取得道路货物运输经营许可的道路货物运输经营者使用无道路运输证的车辆参加货物运输的,由县级以上道路运输管理机构责令改正,处3000元以上1万元以下的罚款	《道路货物运输及站场管理规定》第六十五条
	事故发生单位及其有关人员有下列行为之一的,对事故发生单位处100万元以上500万元以下的罚款;对主要负责人、直接负责的主管人员和其他直接责任人员处上一年年收入60%至100%的罚款;属于国家工作人员的,并依法给予处分;构成违反治安管理行为的,由公安机关依法给予治安管理处罚;构成犯罪的,依法追究刑事责任: ①谎报或者瞒报事故的; ②伪造或者故意破坏事故现场的; ③转移、隐匿资金、财产,或者销毁有关证据、资料的; ④拒绝接受调查或者拒绝提供有关情况和资料的; ⑤在事故调查中作伪证或者指使他人作伪证的; ⑥事故发生后逃匿的	《生产安全事故报告和调查处理条例》第三十六条

续上表

责任追究	适 用 条 件	法律法规规章依据
罚款	事故发生单位对事故发生负有责任的,依照下列规定处以罚款: ①发生一般事故的,处10万元以上20万元以下的罚款; ②发生较大事故的,处20万元以上50万元以下的罚款; ③发生重大事故的,处50万元以上200万元以下的罚款; ④发生特别重大事故的,处200万元以上500万元以下的罚款	《生产安全事故报告和调查处理条例》第三十七条
	指使、强令车辆驾驶员超限运输货物的,由道路运输管理机构责令改正,处3万元以下的罚款	《公路安全保护条例》六十八条
安全生产一票否决	发生经营性道路货物运输一般级别A等及以上安全生产事故且负主要及以上责任的 谎报或者瞒报事故的,拒绝接受事故调查或者拒绝提供有关情况和资料的 调查过程中对发现问题的企业,责令限期整改,整改不合格的	
通报批评	违反规定,有下列行为之一的,由县级以上道路运输管理机构责令限期整改,整改不合格的,予以通报: ①没有建立货运车辆技术档案的; ②没有按照国家有关规定在货运车辆上安装行驶记录仪的; ③大型物件运输车辆不按规定悬挂、标明运输标志的; ④发生突发性事件,不接受当地政府统一调度安排的; ⑤因配载造成超限、超载的; ⑥运输没有限运证明物资的; ⑦未查验禁运、限运物资证明,配载禁运、限运物资的	《道路货物运输及站场管理规定》第七十四条
	发生经营性道路货物运输一般级别B等及以上安全生产事故且负主要及以上责任的	
	事故单位负责人接到事故报告后,1小时内未电话报告市交通运输委总值班室的	

附件12 道路货物运输站（场）企业安全生产责任追究一览表

责任追究	适 用 条 件	法律法规规章依据
吊销许可证	道路货物运输经营者已不具备开业要求的有关安全条件，存在重大运输安全隐患，在规定限期内不能按要求改正的，由县级以上道路运输管理机构限期责令改正；逾期目情节严重的，由原许可机关吊销《道路运输经营许可证》或者吊销其相应的经营范围	《道路货物运输及站场管理规定》第六十六条
	事故发生单位对事故发生负有责任的，由有关部门依法暂扣或者吊销其有关证照；对事故发生单位负有事故责任的有关人员，依法暂停或者撤销其与安全生产有关的执业资格、岗位证书	《生产安全事故报告和调查处理条例》第四十条
停业整顿	生产经营单位的决策机构、主要负责人或者个人经营的投资人不依照本法规定保证安全生产所必需的资金投入，致使生产经营单位不具备安全生产条件的，责令限期改正，提供必需的资金；逾期未改正的，责令生产经营单位停产停业整顿。有前款违法行为，导致发生生产安全事故的，对生产经营单位的主要负责人给予撤职处分，对个人经营的投资人处二万元以上二十万元以下的罚款；构成犯罪的，依照刑法有关规定追究刑事责任	《中华人民共和国安全生产法》第九十条
	生产经营单位有下列行为之一的，责令限期改正，可以处五万元以下的罚款；逾期未改正的，责令停产停业整顿，并处五万元以上十万元以下的罚款，对其直接负责的主管人员和其他直接责任人员处一万元以上二万元以下的罚款： ①未按照规定设置安全生产管理机构或者配备安全生产管理人员的； ②危险物品生产、经营、储存单位以及矿山、金属冶炼、建筑施工、道路运输单位的主要负责人和安全生产管理人员未按照规定经考核合格的； ③未按照规定对从业人员、被派遣劳动者、实习学生进行安全生产教育和培训，或者未按规定如实告知有关的安全生产事项的； ④未如实记录安全生产教育和培训情况的； ⑤未将事故隐患排查治理情况如实记录或者向从业人员通报的； ⑥未按照规定制定生产安全事故应急救援预案或者未定期组织演练的； ⑦特种作业人员未按照规定经专门的安全作业培训并取得相应资格，上岗作业的	《中华人民共和国安全生产法》第九十四条

续上表

	适用条件	法律法规章依据
责任追究	生产经营单位的主要负责人未履行本法规定的安全生产管理职责,导致发生生产安全事故的,由安全生产监督管理部门依照下列规定处以罚款： ①发生一般事故的,处上一年年收入百分之三十的罚款； ②发生较大事故的,处上一年年收入百分之四十的罚款； ③发生重大事故的,处上一年年收入百分之六十的罚款； ④发生特别重大事故的,处上一年年收入百分之八十的罚款	《中华人民共和国安全生产法》第九十二条
停业整顿	违反本规定,有下列行为之一的,由县级以上道路运输管理机构责令限期整改,整改不合格的,予以通报： ①没有建立货运车辆技术档案的； ②没有按照国家有关规定在货运车辆上安装行驶记录仪的； ③大型物件运输车辆不按规定悬挂、标明运输标志的； ④发生公共安全性事件,不接受当地政府统一调度安排的； ⑤因配载造成超限、超载的； ⑥运输有限运证明物资的； ⑦未查验禁运、限运证明,配载禁运、限运物资的	《道路货物运输及站场管理规定》第七十四条
停业整顿	使用失效、伪造、变造、被注销等无效的道路货物运输经营许可证件从事道路货物运输经营的,由县级以上道路运输管理机构责令停止经营；有违法所得的,没收违法所得,处违法所得2倍以上10倍以下的罚款；没有违法所得或者违法所得不足2万元的,处3万元以上10万元以下的罚款	《道路货物运输及站场管理规定》第六十三条
罚款	生产经营单位有下列行为之一的,由安全生产监督管理机构责令限期改正；逾期未改正的,责令停产停业整顿,并处5000元以上2万元以下罚款： ①未配备安全主任或者未委托安全中介服务机构提供安全生产管理服务的； ②未安装有关安全防护装置的； ③未制订事故应急预案	《深圳市安全管理条例》第五十三条
罚款	未取得道路运输经营许可,擅自从事道路运输经营的,由县级以上道路运输管理机构责令停止经营；有违法所得的,没收违法所得,处违法所得2倍以上10倍以下的罚款；没有违法所得或者违法所得不足2万元的,处3万元以上10万元以下的罚款；构成犯罪的,依法追究刑事责任	《中华人民共和国道路运输条例》第六十四条

续上表

责任追究		适 用 条 件	法律法规规章依据
		货运经营者非法转让、出租道路运输许可证件的,由县级以上道路运输管理机构责令停止违法行为,收缴有关证件,处2000元以上1万元以下的罚款;有违法所得的,没收违法所得	《中华人民共和国道路运输条例》第六十七条
		货运经营者有下列情形之一的,由县级以上道路运输管理机构责令改正,处1000元以上3000元以下的罚款;情节严重的,由原许可机关吊销道路运输经营许可证: ①强行招揽货物的; ②没有采取必要措施防止货物脱落、扬撒等	《中华人民共和国道路运输条例》第七十条
		货运经营者不按规定维护和检测运输车辆的,由县级以上道路运输管理机构责令改正,处1000元以上5000元以下的罚款 货运经营者擅自改装已取得车辆营运证的车辆的,由县级以上道路运输管理机构责令改正,处5000元以上2万元以下的罚款	《中华人民共和国道路运输条例》第七十一条
	罚款	事故发生单位及其有关人员有下列行为之一的,对事故发生单位处100万元以上500万元以下的罚款;对主要负责人、直接负责的主管人员和其他直接责任人员处上一年年收入60%至100%的罚款;属于国家工作人员的,并依法给予处分;构成违反治安管理行为的,由公安机关依法给予治安管理处罚;构成犯罪的,依法追究刑事责任: ①谎报或者瞒报事故的; ②伪造或者故意破坏事故现场的; ③转移、隐匿资金、财产,或者销毁有关证据、资料的; ④拒绝接受调查或者拒绝提供有关情况和资料的; ⑤在事故调查中作伪证或者指使他人作伪证的; ⑥事故发生后逃匿的	《生产安全事故报告和调查处理条例》第三十六条

续上表

责任追究		适用条件	法律法规规章依据
罚款		事故发生单位对事故发生有责任的，依照下列规定处以罚款：①发生一般事故的，处10万元以上20万元以下的罚款；②发生较大事故的，处20万元以上50万元以下的罚款；③发生重大事故的，处50万元以上200万元以下的罚款；④发生特别重大事故的，处200万元以上500万元以下的罚款	《生产安全事故报告和调查处理条例》第三十七条
安全生产一票否决		发生经营性道路货物运输一般级别A等及以上安全生产事故且负主要及以上责任的	
		谎报或者瞒报事故的，拒绝接受事故调查或者拒绝提供有关情况和资料的	
		调查过程中对发现问题的企业，责令限期整改，整改不合格的	
通报批评		违反规定，有下列行为之一的，由县级以上道路运输管理机构责令限期整改，整改不合格的，予以通报：①没有建立货运车辆技术档案的；②没有按照国家有关规定在货运车辆上安装行驶记录仪的；③大型物件运输车辆不按规定悬挂、标明运输标志的；④发生公共突发性事件，不接受当地政府统一调度安排的；⑤因配载造成超限、超载的；⑥运输没有限运证明、配载禁运、限运物资的；⑦未查验票、限运物资证明，配载禁运、限运物资的	《道路货物运输及站场管理规定》第七十四条
		发生经营性道路货物运输一般级别B等及以上安全生产事故且负主要及以上责任的	
		事故单位负责人接到事故报告后，1小时内未电话报告市交通运输委总值班室的	

附件13 道路货运企业责任人安全生产责任追究一览表

责任追究	适 用 条 件	法律法规规章依据
免职	生产经营单位的主要负责人未履行本法规定的安全生产管理职责的,责令限期改正;逾期未改正的,处二万元以上五万元以下的罚款,责令生产经营单位停产停业整顿。生产经营单位的主要负责人有前款违法行为,导致发生生产安全事故的,依照刑法有关规定追究刑事责任。生产经营单位的主要负责人对重大、特别重大生产安全事故负有责任的,终身不得担任本行业生产经营单位的主要负责人	《中华人民共和国安全生产法》第九十一条
停职	政府、国有独资企业和国有控股企业委派的企业负责人,在任期内发生较大以上安全事故,经调查确认承担领导责任的,由其任免单位给予降职或者撤职处分	《深圳市安全管理条例》第六十二条
吊销从业资格证	运输企业营运车辆驾驶员有下列情形之一的,由市交通运输管理部门暂扣该驾驶员从业资格证3个月: ①在1个记分周期内记分达到9分; ②在1个记分周期内发生交通事故(重大或者特大交通事故除外)3次以上,且负有主要以上事故责任。 运输企业营运车辆驾驶员有下列情形之一的,由市交通运输管理部门吊销该驾驶员从业资格证: ①在1个记分周期内记分达到12分; ②在1个记分周期内发生交通事故(重大或者特大交通事故除外)5次以上,且负有主要以上事故责任; ③发生重大或者特大交通事故,且负有同等以上事故责任	《深圳经济特区道路交通安全管理条例》第一百二十条
罚款	①取得相应的机动车驾驶证; ②年龄不超过60周岁; ③经设区的市级道路运输管理机构对有关货运法律法规、机动车维修和货物装载保管基本知识考试合格不符合以上条件的人员驾驶道路货运经营车辆的,由县级以上道路运输管理机构责令改正,处200元以上2000元以下的罚款;构成犯罪的,依法追究刑事责任	《中华人民共和国道路运输条例》第六十五条
	事故发生单位主要负责人有下列行为之一的,处上一年年收入40%至80%的罚款;构成犯罪的,依法追究刑事责任: ①不立即组织事故抢救的; ②迟报或者漏报事故的; ③在事故调查处理期间擅离职守的	《生产安全事故报告和调查处理条例》第三十五条

续上表

	适 用 条 件	法律法规规章依据
责任追究	事故发生单位主要负责人未依法履行安全生产管理职责，导致事故发生的，依照下列规定处以罚款；属于国家工作人员的，并依法给予处分；构成犯罪的，依法追究刑事责任： ①发生一般事故的，处上一年年收入30%的罚款； ②发生较大事故的，处上一年年收入40%的罚款； ③发生重大事故的，处上一年年收入60%的罚款； ④发生特别重大事故的，处上一年年收入80%的罚款	《生产安全事故报告和调查处理条例》第三十八条
罚款	持有非本市交通运输管理部门核发的从业资格证书在本市驾驶客运车辆的人员，未到市交通运输管理部门备案，换领本市核发的从业资格证书的，由市交通运输管理部门处500元罚款	《深圳经济特区道路交通安全管理条例》第一百二十六条
罚款	交通运输企业应当设立道路交通安全主任。道路交通安全主任应当按照安全生产法律、法规的规定持证上岗，并履行下列职责： ①加强对本单位驾驶员的道路交通安全教育和宣传； ②定期组织本单位车辆驾驶员开展交通安全竞赛活动； ③组织对本单位车辆安全隐患进行排查和整治； ④协助有关部门处理交通事故和道路交通安全违法行为。 道路交通安全主任的任用应当报市交通运输管理部门备案并接受考核。 交通运输企业应当在车辆出发前进行安全检查，及时排除安全隐患；对行驶中的长途运输车辆应当进行定位监控，发现车辆超速、驾驶员疲劳驾驶等影响道路交通安全的情形，应当及时提醒纠正。违反上规定的，由市交通运输管理部门责令限期整改，逾期不改的，处2万元以上5万元以下罚款；情节严重的，责令停业整顿	《深圳经济特区道路交通安全管理条例》第一百一十九条
警示约谈	发生经营性道路货物运输一般级别B等及以上安全生产事故负主要以上责任	

附件14 道路货物运输站（场）企业责任人安全生产责任追究一览表

责任追究	适 用 条 件	法律法规规章依据
免职	生产经营单位主要负责人未履行本法规定的安全生产管理职责的，责令限期改正；逾期未改正的，处二万元以上五万元以下的罚款，责令生产经营单位停产停业整顿。生产经营单位的主要负责人有前款违法行为，导致发生生产安全事故的，给予撤职处分；构成犯罪的，依照刑法有关规定追究刑事责任。生产经营单位的主要负责人依照前款规定受到刑事处罚或者撤职处分的，自刑罚执行完毕或者受处分之日起，五年内不得担任任何生产经营单位的主要负责人；对重大、特别重大生产安全事故负有责任的，终身不得担任本行业生产经营单位的主要负责人	《中华人民共和国安全生产法》第九十一条
停职	政府、国有独资企业和国有控股企业委派的企业负责人，在任期内发生较大以上安全事故，经调查确认承担领导责任的，由其任免单位给予降职或者撤职处分	《深圳市安全管理条例》第六十二条
吊销许可证	违反本规定，道路货物运输经营者、货运站经营者已不具备开业要求的有关安全条件，存在重大运输安全隐患的，由县级以上道路运输管理机构责令改正；在规定时间内不能按要求改正且情节严重的，由原许可机关吊销《道路运输经营许可证》或者吊销其相应的经营范围	《道路货物运输及场站管理规定》第六十六条
	违反本规定，道路货物运输经营者有下列情形之一的，由县级以上道路运输管理机构责令改正，处1000元以上3000元以下的罚款；情节严重的，由原许可机关吊销其相应的经营范围： ①强行招揽货物的； ②没有采取必要措施防止货物脱落、扬撒的	《道路货物运输及场站管理规定》第六十七条
罚款	事故发生单位主要负责人有下列行为之一的，处上一年年收入40%至80%的罚款；构成犯罪的，依法追究刑事责任： ①不立即组织事故抢救的； ②迟报或者漏报事故的； ③在事故调查处理期间擅离职守的	《生产安全事故报告和调查处理条例》第三十五条

续上表

	适 用 条 件	法律法规规章依据
责任追究	事故发生单位主要负责人未依法履行安全生产管理职责，导致事故发生的，依照下列规定处以罚款；构成犯罪的，依法追究刑事责任： ①发生一般事故的，处上一年年收入30%的罚款； ②发生较大事故的，处上一年年收入40%的罚款； ③发生重大事故的，处上一年年收入60%的罚款； ④发生特别重大事故的，处上一年年收入80%的罚款；	《生产安全事故报告和调查处理条例》第三十八条
罚款	违反本规定，货运站经营者对超限、超载车辆配载，放行出站的，由县级以上道路运输管理机构责令改正，处1万元以上3万元以下的罚款	《道路货物运输及场站管理规定》第七十二条
	违反本规定，货运站经营者擅自改变道路运输站（场）的用途和服务功能，由县级以上道路运输管理机构责令改正，拒不改正的，处3000元的罚款；有违法所得的，没收违法所得	《道路货物运输及场站管理规定》第七十三条
警示约谈	发生经营性道路货物运输一般级别B等及以上安全生产事故且负主要及以上责任	

附件15 法律法规及相关资料目录

1. 《中华人民共和国安全生产法》；
2. 《中华人民共和国道路运输条例》（国务院令第406号）；
3. 《生产安全事故报告和调查处理条例》（国务院令第493号）；
4. 《广东省道路交通安全管理条例》（2006年1月18日广东省第十届人民代表大会常务委员会第二十二次会议通过）；
5. 《广东省道路运输管理条例》（2002年10月13日广东省第九届人民代表大会常务委员会第三十七次会议通过）；
6. 《广东省安全生产条例》（广东省第九届人民代表大会常务委员会公告第147号）；
7. 《道路运输从业人员管理规定》（交通部令2006年第9号）；
8. 《机动车维修管理规定》（交通部令2005年第7号）。